吉林师范大学教材出版基金资助

思想政治教育学原理案例分析

主　编　闫　薇　王柏文
副主编　于梦衍

中国财经出版传媒集团
经济科学出版社
Economic Science Press

图书在版编目（CIP）数据

思想政治教育学原理案例分析/闫薇，土柏文主编
. --北京：经济科学出版社，2022.9
ISBN 978-7-5218-4020-9

Ⅰ.①思… Ⅱ.①闫…②王… Ⅲ.①思想政治教育-教育学-教案（教育）-高等学校 Ⅳ.①D64

中国版本图书馆 CIP 数据核字（2022）第171280号

责任编辑：高　波
责任校对：刘　昕
责任印制：邱　天

思想政治教育学原理案例分析
主　编　闫　薇　王柏文
副主编　于梦衍
经济科学出版社出版、发行　新华书店经销
社址：北京市海淀区阜成路甲28号　邮编：100142
总编部电话：010-88191217　发行部电话：010-88191522
网址：www.esp.com.cn
电子邮箱：esp@esp.com.cn
天猫网店：经济科学出版社旗舰店
网址：http://jjkxcbs.tmall.com
固安华明印业有限公司印装
710×1000　16开　15印张　200000字
2022年9月第1版　2022年9月第1次印刷
ISBN 978-7-5218-4020-9　定价：72.00元

前言

PREFACE

思想政治教育学科是我国哲学社会科学学科体系的重要组成部分。近年来，随着马克思主义理论被确立为一级学科并受到越来越多人们的高度重视，思想政治教育学科也得到了长足发展。“思想政治教育学原理”作为高校思想政治教育学科的主干课程，其理论性和实践性较强，教学过程中搜集并积累丰富的具有时代性的案例佐证材料尤为必要。本教材通过案例佐证和问题导向相结合的编写方式，立足新时代的历史方位，回应新时代的主要矛盾，将思想政治教育学原理中的热点、难点、重点问题，通过案例佐证层层展开，使抽象深奥的理论现实化、具体化、形象化，推动基于问题导向的案例教学法在“思想政治教育学原理”教学中的应用，增强原理课程的教学主导性、专业学理性、时代导向性和案例丰富性，促使学生产生理论共鸣和思想认同。

教材编写以“案例佐证 + 问题导向”为编写路径，共设置了十章44个案例。第一章为“思想政治教育的产生与发展”，第二章为“思想政治教育的功能和地位”，第三章为“思想政治教育的过程和规律”，第四章为“思想政治教育的目标、内容和任务”，第五章为“思想政治教育者和教育对象”，第六章为“思想政治教育的原则和方法”，第七章为“思想政治教育的载体”，第八章为“网络思想政治教育”，第九章为“思想政治教育的环境”，第十章为“思想政治教育的创新发展”。这十章内容围绕思想政治教育学原理课程的核心内容设置，按照“问题导引”“案例背景”“主旨评析”“启示解析”四个模块展开案例分析，遵循学生的认知发展规律和探索精神，以问题为切入点，以案例佐证层层展开，将思想政治教育基础理论贯穿其中，以期深化学生对思想政治教育学原理理论体系的理解和掌握。

教材编写过程中，参考了近年来思想政治教育原理的相关研究成果，案例也多借鉴主流媒体的相关报道，在此特向本教材中引用和参考的教材、论著、报刊、文章的作者表示诚挚的谢意。本教材虽经几次修改，但由于编者们能力所限，不足之处在所难免，敬请专家读者批评指正。

闫　薇

2022 年 7 月 1 日

目录

CONTENTS

第一章　思想政治教育的产生与发展 // 1

案例 1　在社会大课堂中讲好“大思政课” // 1

案例 2　裴斯泰洛齐的贫儿之家 // 7

案例 3　长征故事——九个炊事员 // 13

第二章　思想政治教育的功能和地位 // 20

案例 4　《觉醒年代》央视热播 // 20

案例 5　从古田会议到新古田会议 // 25

案例 6　《经典咏流传》：歌以咏志，乐以抒怀 // 31

案例 7　亮出党徽的牧民大叔 // 35

案例 8　邓扶霞的“川菜奇缘” // 40

案例 9　农民工和海德格尔 // 44

第三章　思想政治教育的过程和规律 // 50

案例 10　如果信念有颜色，那一定是中国红 // 50

案例 11　帮助别人，快乐自己的郭明义 // 56

案例 12　迎丰村的 109 个梦想 // 61

案例 13　一千零一夜，用故事点亮孩子心灵 // 68
案例 14　北川女孩成为双奥志愿者 // 72
案例 15　人民海军首位女舰长的霸气价值观 // 78

第四章　思想政治教育的目标、内容和任务 // 84
案例 16　朱彦夫：慷慨是英雄 // 84
案例 17　让我来做你的眼！// 89
案例 18　农民工的青春逐梦路 // 94
案例 19　科学报国的郭永怀 // 98

第五章　思想政治教育者和教育对象 // 103
案例 20　让教育之光照亮贫困山区 // 103
案例 21　《新时代的中国青年》白皮书发布 // 108
案例 22　“草鞋书记”周永开：永远扎根于人民 // 113
案例 23　最美大学生“丁慧” // 118
案例 24　我有一个梦想 // 123

第六章　思想政治教育的原则和方法 // 130
案例 25　音乐之声 // 130
案例 26　凌晨五点排队，只为选政治课 // 135
案例 27　用一年不长的时间，做一件终身难忘的事情 // 139
案例 28　最美扶贫干部：黄文秀 // 144

第七章　思想政治教育的载体 // 149
案例 29　延安文艺座谈会 // 149
案例 30　文化育人 刮起青春风 // 153

案例 31 《感动中国》颁奖晚会 // 158
案例 32 重走长征路 // 162
案例 33 “小书痴”走进大天地 // 167
案例 34 《端午奇妙游》，创新尽显中国之美 // 171

第八章 网络思想政治教育 // 176
案例 35 讲好战“疫”故事，构建网络思政平台 // 176
案例 36 主旋律网络电影来了 // 181
案例 37 要“出圈”，不要“饭圈” // 186

第九章 思想政治教育的环境 // 191
案例 38 透过“冰墩墩”，感受可爱的中国 // 191
案例 39 美丽人生 // 197
案例 40 为致富铺路，就是为海洋减压 // 203
案例 41 海花岛事件：生态底线岂能失守 // 209

第十章 思想政治教育的创新发展 // 215
案例 42 从“剧本杀”到沉浸式党史教育 // 215
案例 43 互动式视频的互动新形式 // 220
案例 44 心怀梦想，向阳生长 // 226

第一章

思想政治教育的产生与发展

案例1

在社会大课堂中讲好“大思政课”*

【案例内容】

社会化大课堂与“大思政课”高度关联，都具有场域大、格局大、视野大等鲜明特征。为此，广大思政课教师必须能够做到深化思政课机制与内容的改革创新，善用社会大课堂，善用历史宝藏、社会生活素材及国际比较，多维度建构独具特色的思政教育话语体系。从而讲好“大思政课”，使其有根有魂、有声有色、有理有据，着力培养堪当实现民族复兴大任的时代新人。

---

* 陈志勇．在社会大课堂中讲好“大思政课”[N]．光明日报，2022－04－28（06）．

【问题导引】

一、选择题

1. （多选）从案例中的社会大课堂与“大思政课”的高度关联可知，为解决思想和行为的矛盾，思想政治教育要处理好实践过程中的关系。

A. 自发活动与自觉活动的关系

B. 精神力量与物质力量的关系

C. 个体实践与群体实践的关系

D. 经济发展与政治保障的关系

2. （单选）思想政治教育不坚持__________，就无法用正确的理论教育人，也无法结合社会实践说服人。

A. 思想上建党

B. 服从服务于党的中心任务

C. 理论联系实际

D. 密切联系群众

3. （单选）思想政治教育的本质是__________的主导和灌输。

A. 坚持主流意识形态

B. 坚持爱国主义

C. 坚持历史知识

D. 坚持社会主义核心价值观

4. 通过案例阅读我们可以明确，新时代的“大思政课”，既要善于____________，又要____________；既要善于____________，又要善于____________。

A. 读懂历史　走进现实　学懂理论　融入实践

B. 丰富精神生活　引领价值取向　培育民族精神　激发爱国情怀

C. 引领方向　激发动力　凝聚力量　化解矛盾

D. 厘清矛盾　凝聚共识　提升素质　促进发展

二、思考题

1. 你认为“大思政课”的历史重要性是什么？

2. 进入中国特色社会主义新时代，应如何继承和发展中国共产党思想政治教育的优良传统？

【案例背景】

在从第一个百年奋斗目标业已完成，向第二个百年奋斗目标迈进这一新旧转换的关键历史时期，加强对于青年一代的思想政治教育，成为提升国家治理能力进程中的头等大事之一。因此，我们要重视社会核心价值体系的构建与夯实工程，解答青年一代的思想困惑，教育引导新时代青年坚定理想信念，勇担时代重任，练就过硬本领，成长为堪当民族复兴重任的时代新人。

【主旨评析】

思想政治教育作为一种人类社会普遍存在的社会实践活动，是通过改造主观世界来更好地改造客观世界的社会实践活动。思想政治教育学作为研究思想政治教育的专门学科，从 20 世纪 80 年代初产生以来，已经近 40 年的学科发展历程，形成了系统科学的学科理论形态。思想政治教育的社会要求如何能够深入内心，形成头脑中的一个建构，如何认知认同，这就体现了这项工作的创造性。思想政治教育要实现和达成教育目的，除了要有深刻的理论逻辑和学理阐释，还要增强针对性和实效性，需要不断依托教材进行内容整合，方式方法创新，用活、用好大思政教材。

“大思政课”之“大”，在于把历史长河、时代大潮、全球风云、社会万象中的生动素材融入思政课，帮助学生开拓视野、拓宽格局、涵育情怀、激励担当。通过这种在社会大课堂中上好大思政课的方式，以及多种多样的教育启发方式，激发青年人从自发到自觉，从被动到主动，化理论为德行，通过理论主动把握历史主动，成为担当民族复兴大任的时代新人。

【启示解析】

第一，推进大思政课建设，首先要坚持马克思主义的基本原理不动摇。思想政治教育定位是马克思主义学科，要坚持马克思主义基本原理的地位支撑，这里包括马克思主义的世界观、方法论，包括社会存在于社会意识的关系理论，包括意识形态理论、人的本质理论等。要在思想政治教育中突出理论基础的主导性、针对性，把理论基础具体化，并增强真理性。

第二，推进大思政课建设，要加强青年化传播。要充分了解和认识当前新时代青年的心理和思想特点，因势利导，广泛联系青年成长实际和生活实际，以青年喜闻乐见的形式教育引导青年。要立足新时代的历史方位，回应新时代的主要矛盾，凸显出鲜明的时代性和科学性。尊重青年学生的认知发展规律和探索精神，增强思政课的时代感和时效性。

第三，推进大思政课建设，要坚持用四史教育引领青年。一是盘活红色教育资源，让党史学习教育鲜活起来，在学思践悟中推动知行合一。二是筑牢理想信念。要因时制宜，在“拔节孕穗期”对青年进行“精准滴灌”，引导青年在亲身体验中学深党史知识、悟透初心使命，坚定政治认同，不断筑牢信仰之基，补足精神之钙、把稳思想之舵。三是坚定自觉传承红色基因。让广大青年在学党史中感悟党的光荣传统和优良作风，在感党恩中汲取奋进力量，在跟党走中赓续党的精神血脉，在听党话中凝聚前行合力。

【问题解析】

一、选择题答案及解析

1. ABCD　大思政课与社会大课堂的关联性，一个很重要的方面就是突出理论与实践的贯通性，为此，在建设大思政课的过程中，要着力处理好的就是选项的四种关系，使思想和行为一致，理论和实践融通。

2. C　要实现理论育人和实践育人相结合的教育效果，就必须坚持理论联系实际。

3. A　我们通过思想政治教育的概念即可得出思想政治教育是为一定社会和阶级所服务的，那么思想政治教育在本质上一定要以社会主流意识形态为主导，对受教育者进行主流意识形态的引导和灌输，最终达到思想政治教育的目的。

4. A　根据案例中提到的，大思政课要善用社会大课堂，善用历史宝藏、社会生活素材及国际比较可知，选项 A 是正确答案。

二、思考题答案及解析

1. 你认为“大思政课”的历史重要性是什么？

近年来，思政课在党中央治国理政战略全局中的地位日益凸显，发展环境和整体生态发生根本性转变，思政课教师队伍建设实现历史性突破，思政课教学效果大幅度提升。但是，一些地方和学校对思政课建设的重视程度还不够，开门办思政课、调动各种社会资源的意识和能力还不够强，与社会生活的融入还不够深，有的学校思政课师资力量不足、质量不高，对实践教学认识不足、重视不够，大中小学思政课一体化建设急需深化，课程思政存在“硬融入”“表面化”等现象。

从理论层面看，从党的十八大以来，党中央在各类会议和各项决议中提出了一系列重大理论成果，这些重大理论成果，需要高校教育工作者以高度的政治责任感和扎实的工作作风，探索思想政治工作体系融入人才培养体系的方法路径，并在实践中坚决贯彻落实。

从实践层面看，党的十八大以来，党和国家事业发展的丰富实践，需要高等教育继续融入党和国家发展全局，“抓好后继有人这个根本大计”。“两个一百年”的历史时空转换、全面建成小康社会、庆祝中华人民共和国成立70周年、疫情防控取得成果等，既是对高校思想政治工作的最好检验，也为高校思想政治工作提供了丰富的实践土壤。

从思政课到“大思政课”，一字之差的背后实质上是办好思政课的理念再更新、视野再开阔和格局再拓展，是形成新的课程格局以提高思政课教学效果，持续推动思想政治教育高质量发展的内在要求。

2. 进入中国特色社会主义新时代，应如何继承和发展中国共产党思想政治教育的优良传统？

我们要坚定不移地推进中国共产党思想政治教育的优良传统与当今时代特点相结合，进一步解放思想，切实提高思想政治工作成效，向受教育者讲述好中国故事，传递好中国声音，帮助受教者自觉增强“四个意识”，牢固树立“四个自信”，坚决做到“两个维护”，明确“两个确立”的重要意义，坚定中国特色社会主义共同理想和远大理想，引导受教育者成为堪当民族复兴大任的时代新人。

坚定不移地推进“大思政课”体制机制建设。在新的历史条件下，继续发扬中国共产党思想政治教育的优良传统要善于用好“大思政课”这一重要手段，向受教育者讲好“大思政课”，使思想政治课不再局限于理论课堂。要不断加强思想政治教育的师资力量，提高思想政治教育工作者的理论水平，持续推进大中小思政课一体化工作进程，在改革创新中不断完善思想政治课体制机制。推进思想政治教育理论体系、教育机制的不断创新发展，更好地发扬中国共产党在思想政治教育中的优良传统，让思想政治课植根于中华大地之上。

案例2

裴斯泰洛齐的贫儿之家*

【案例内容】

1768 年，裴斯泰洛齐在苏黎世附近的“新庄”建立试验农场失败后，开始关注贫困儿童的教育问题。1774 年，他在“新庄”办起了一所孤儿院，收留了 50 名 5 ~ 10 岁的孤儿和流浪儿。裴斯泰洛齐为他们提供衣食，教授他们读、写、算等基本知识，并想通过纺纱、织布等手工劳动，使孩子们获得生活技能。裴斯泰洛齐创建的这个机构是一个把教育和劳动相结合，充满亲情的大家庭。裴斯泰洛齐和孩子们生活在一起，把一切献给了孩子。后因经费出现问题，孤儿院于 1780 年停办。

1798 年，受瑞士政府的委托，裴斯泰洛齐在斯坦兹将修道院改成孤儿院，并收容了 80 名孤儿（此人数由政府规定），这些孤儿大部分患有严重的疥癣，头上长满溃烂的脓疮，身上穿着生满虱子的破烂衣服。他们个个深锁愁眉、面黄肌瘦，还总是以猜疑的目光望着他人。

* 李介．裴斯泰洛齐爱的教育思想及启示［J］．天津师范大学学报（基础教育版），2014，15（04）：68－72.

很多孤儿受尽悲惨的折磨，导致他们养成了猜疑、冷酷、胆怯的性格，而懂得 ABC 的孩子极少。裴斯泰洛齐迎难而上，像慈父一样，以极大的耐心和高度的责任感把全部身心和爱献给了孤儿。在这个大家庭里，他充分发扬民主，培养孤儿们的道德习惯，并提高他们读、写、算的能力。战乱再次降临了。1799 年 6 月 8 日，孤儿院再次被迫关闭。

裴斯泰洛齐以其崇高的品质，为贫民的教育事业呕心沥血，这种无私的情怀，这种伟大的精神是常人无法轻易做到和超越的。

【问题导引】

一、选择题

1. （单选）案例中裴斯泰洛齐的做法体现了思想政治教育的__________原则。

A. 以人为本

B. 科学性和思想性相结合

C. 教育与自我教育结合

D. 一元主导与包容多样结合

2. （多选）通过对案例的分析，可以总结出思想政治教育产生、发展的根源是__________。

A. 认识根源

B. 理论根源

C. 实践根源

D. 价值根源

3. （多选）案例中裴斯泰洛齐的做法体现了思想政治教育的__________基本方法。

A. 批评与自我批评

B. 实践教育

C. 疏导教育

D. 理论教育

二、思考题

1. 从裴斯泰洛齐贫儿之家看思想政治教育产生的根源是什么？
2. 裴斯泰洛齐的贫儿之家对当代思想政治教育的启示是什么？

【案例背景】

裴斯泰洛齐一生关注贫困儿童的教育问题，并且积极付诸实践，开办各类孤儿院，希望能够改变和解决贫困儿童的生存和教育问题，因此获得“初等教育之父”等赞誉。作为一名初等教育的理论家，他的教育思想对于西方近代教育科学产生了积极影响；作为一名教育实践家，他给予贫困儿童成长的帮助感人肺腑，他的教育实践活动对于今天的教育科学研究都有着积极的影响和示范作用。

【主旨评析】

裴斯泰洛齐的贫儿之家的故事，虽然没有提到思想政治教育，但是在裴斯泰洛齐教育孩子的实践过程中，却贯穿着思想政治教育的内容和方法。无论是裴斯泰洛齐间接地给孩子们灌输道德习惯，还是他重视劳动教育，都体现出他的教育理念——认为单纯的书本知识是不够的，应该将理论认知和生产劳动紧密结合起来，这与我们当今倡导的培养德智体美劳全面发展的社会主义现代化建设者的主张是一致的，劳动教育在人的成长成才过程中的积极作用是其他教育形式不能替代的，必须予以足够的重视，并在实际的教育教学中将这些要素有机融合，从而促进人的全面发展，实现教育目标。

【启示解析】

1. 案例中，裴斯泰洛齐重视人的全面发展的教育观是以对社会现实的认识为基础的，是从教育本质出发的。裴斯泰洛齐在教育教学实践中，体会到社会底层人民生活的苦难和不幸，一方面，源于社会的不公正和压迫剥削；另一方面，也是重要的一个方面，即人们的愚昧无知，缺少理论学习带来的认知狭隘、落后，不具备改变自身命运的能力。为此，他致力于开办孤儿院收留贫困儿童，希望这些儿童通过接受教育，能够改变自身命运，实现自我价值，找到社会定位，这是从教育本质出发的、对于人的发展的全面关注和积极实践。

2. 思想政治教育要重视情感教育，用爱去温暖学生。思想政治教育者应在教育过程中遵循以人为本的原则，对教育对象表现出真诚的、全身心的、无保留的关心与热爱，体现出人文关怀和道德情感。应该说，裴斯泰洛齐的教育对象都是社会最底层的穷苦儿童，很多都是四处流浪的孤儿。长期贫困的生活及悲惨境遇使他们不仅身体孱弱，而且性格和心智也有缺陷。但面对这样的教育对象，裴斯泰洛齐没有半点厌恶，而是给予关注、理解、包容和关爱，尽其所能地帮助他们得以生存并实现自身成长发展，这份情感教育的力量是无穷的。

3. 思想政治教育的产生、存在与发展，根源于人们的认识活动、根源于社会实践活动、根源于人们的价值实现活动。裴斯泰洛齐将孤儿院的孩子当作自己的孩子，在这里让他们接受教育，学会生产劳动，希望他们能够有知识，有生存技能，并在这个过程中获得道德认知，养成道德习惯。可见，人类社会的发展，始终离不开社会实践的推动，也始终离不开贯穿社会实践全过程的思想政治教育活动。

【问题解析】

一、选择题答案及解析

1. A　问题中所给出的 4 个选项均为思想政治教育的主要原则，但是裴斯泰洛齐收养贫困儿童、患病儿童，并对他们进行道德教育、劳动教育的做法，充分体现了以人为本的原则。

2. ACD　本题考查思想政治教育产生发展的客观根源问题，认识、实践、价值是其主要的产生发展根源。

3. BD　本题中提问的是裴斯泰洛齐使用的思想政治教育的基本方法，故而可以将疏导教育方法和批评与自我批评排除。案例中裴斯泰洛齐对贫儿进行道德教育和劳动教育，提高贫儿的道德水平和劳动技能，体现了理论教育方法和实践教育方法。

二、思考题答案及解析

1. 从裴斯泰洛齐贫儿之家看思想政治教育产生的根源是什么？

（1）思想政治教育产生、存在、发展的认识根源。裴斯泰洛齐在贫儿之家开展的教育活动，不仅向贫困儿童、孤儿、患病儿童传授科学文化知识，逐步灌输正确的道德品德，还传授给孩子劳动技能，教会他们如何在社会中依靠自己的劳动独立的生存、生活以及发展，解决了孩子在认识过程中主观世界与客观世界的矛盾，提高了孩子们的思想认知水平和能力。

（2）思想政治教育产生、存在、发展的实践根源。裴斯泰洛齐在一生的教育实践中不断培养和提高孩子们的思想道德水平与实践能力水平，引导孩子们树立与劳动相关的思想认知，教育孩子们要通过劳动去生存发展，他的种种教育思想从实践出发最终又回到了实践。

(3) 思想政治教育产生、存在、发展的价值根源。裴斯泰洛齐从贫困儿童、孤儿、患病儿童生存需要和生活发展需要出发，对他们进行道德上的引导，灌输给他们道德上的习惯，让他们在日后的成长中逐渐成为一个品德高尚的人。与此同时，裴斯泰洛齐也高度重视劳动教育，真正做到了劳动教育与道德教育相结合，教给孩子们养家糊口、生存生活的技能，真正满足了孩子们成长成才的需要，他对孩子们的教育具有一定的价值。此外，裴斯泰洛齐对贫困儿童、孤儿、患病儿童进行道德教育与劳动教育，在一定程度上减少了社会不稳定因素的产生，有利于维持社会治安，有助于社会的和谐安定，满足了社会的需要。

2. 裴斯泰洛齐的贫儿之家对当代思想政治教育的启示是什么？

裴斯泰洛齐的做法在诸多方面对当代开展思想政治教育有着积极的意义，可以为我们在新时代推进思政课的改革创新提供宝贵经验。

首先是裴斯泰洛齐关于思想政治教育的原则方面。裴斯泰洛齐在进行教育的过程中时刻坚持以人为本的原则，一切从人出发，一切为了人。裴斯泰洛齐在开展教育活动的过程中没有将孩子们分出等级区别对待，而是将这些贫困儿童、孤儿、患病儿童视为己出，全身心尊重孩子、关注孩子、关爱孩子，充分体现了作为一个教育工作者的人文关怀和道德情感。同时，裴斯泰洛齐还充分关注孩子们的生存生活需要和成长成才需要，对他们进行全面的教育引导，不仅是在道德教育方面对他们进行正确的示范引领，同时还传授给孩子们劳动技能，使他们在日后的独立生活中拥有一技之长。裴斯泰洛齐在教育中的以人为本原则是我们在当代社会中开展思想政治教育过程中仍然需要贯彻落实，且必不可少的原则之一。

其次是裴斯泰洛齐关于思想政治教育的方法方面。裴斯泰洛齐在进行教育的过程中，采取了思想政治教育中的两种基本方法，即理论教育方法和实践教育方法。裴斯泰洛齐在理论上为孩子们灌输正确的思想政治认知，帮助他们树立起良好的道德品质观念，为孩子们日后树立起正确的三观打下了良好的基础。裴斯泰洛齐在实践上带领孩子们参与到劳动中，通过劳动能够培养孩子们的劳动精神、技能和习惯，在实践中提高孩子们的思想觉悟和认知方法，树立起自力更生的正确意识，对孩子们日后的社会实践生活产生重要的影响。

案例3

长征故事——九个炊事员*

【案例内容】

“九个炊事员、一口行军锅”是红军长征中著名的故事之一。在频繁的作战和艰难的长征行军中，红三军团某连9名炊事员把粮食装在铜锅里，每个人都挑有六七十斤的重量。中途部队休息，他们烧开水给指战员们喝；宿营时，他们又要安锅灶、劈柴火、洗菜、煮饭，每夜只睡两三个小时。过雪山时，空气稀薄，有人实在走不动了，就坐下来休息。可是一坐下就起不来了。炊事员便赶紧上去喂生姜，灌辣子水，把他拉起来。炊事班的口号是：“不让一个战士牺牲在山上！”但就在抢救战士的时候，炊事员们却一个接一个地倒下了。部队到达陕北的时候，炊事员们全牺牲了。

9名炊事员克服重重困难，尽职尽责、默默奉献、前仆后继、勇于牺牲，用自己的生命保证了战友们在长征途中“除了战斗减员以外，没有因饥饿而牺牲一个人”。他们用生命传承的不仅是一口普通

* 谢方祠．九个炊事员［N］．解放军报，2020－11－19（12）．

的行军锅，而是标志着烈士们功绩的铜锅，更是坚定的理想信念和崇高的使命担当。

【问题导引】

一、选择题

1. （单选）案例中的长征故事是发生在__________。

A. 中国共产党成立初期

B. 土地革命战争时期

C. 抗日战争时期

D. 解放战争时期

2. （单选）__________是思想政治教育的核心。

A. 理想信念教育

B. 爱国主义教育

C. 民主法治教育

D. 全面发展教育

3. （多选）长征精神的基本内涵是__________。

A. 把全国人民和中华民族的根本利益看得高于一切，坚定革命的理想和信念，坚信正义事业必然胜利的精神

B. 为了救国救民，不怕任何艰难险阻，不惜付出一切牺牲的精神

C. 坚持独立自主、实事求是，一切从实际出发的精神

D. 顾全大局、严守纪律、紧密团结的精神

E. 紧紧依靠人民群众，同人民群众生死相依、患难与共、艰苦奋斗的精神

二、思考题

1. 案例中《九个炊事员》的故事体现了中国共产党的什么精神？

2. 结合案例中的故事，试论中国共产党思想政治教育的优良传统有哪些？

【案例背景】

1934 年 10 月至 1936 年 10 月，中央红军（红一方面军），红 2、红 6 军团（红二方面军），红四方面军和红 25 军相继撤离长江南北各苏区，进行战略大转移。在长征途中，中国共产党领导红军冲破国民党上百万兵力的围追堵截，四渡赤水，巧渡金沙江，强渡大渡河，激战腊子口，翻越终年积雪的崇山峻岭，穿过人迹罕至的茫茫草地，克服了以王明为代表的“左”倾教条主义和张国焘的分裂主义等错误，纵横十余省，行程二万五千里，胜利到达陕甘宁地区，实现了红军主力的大会师。这场惊心动魄的远征，历时之长，行程之远，敌我力量之悬殊，自然环境之恶劣，在人类战争史上是罕见的。红军长征胜利是中国共产党人和红军将士弘扬伟大革命精神的胜利。

【主旨评析】

炊事班用生命为战士点燃希望的故事，揭示了无论是在革命年代还是在社会主义现代化建设过程中，都要“铁心跟党走”“信仰力无穷”，为我们展示了党的领导和理想信念所具有的精神伟力。坚持正确的思想路线是攻坚克难、取得最终胜利的法宝，而思想政治教育则对党和国家坚持正确的政治方向和思想路线发挥了至关重要的作用。今天，以长征精神为指引回顾历史，感受革命年代震撼人心的长征精神，对于激发人们的爱国主义情感和民族自豪感，牢固树立“四个自信”，发扬当代的新“长征精神”具有重要的现实意义，对于走好新时代的长征路也具有深远影响。

【启示解析】

1. 理想信念高于天。长征的伟大胜利源于信念的支撑，是强大意志力的展现。作为思想政治教育的核心内容，加强理想和信念教育，对于受教育者确立正确的世界观、人生观、价值观，以及个体人格的完善具有不可替代的规范作用。在长征过程中，广大的红军指战员正是坚持了共产主义信仰和革命必胜的信念，才能一鼓作气战胜了恶劣的自然环境和敌人的围追堵截，最终获得了长征的胜利，保留了中国革命斗争的火种。

2. 在长征过程中，面对王明"左"倾教条主义错误在党中央的统治，遵义会议上，中国共产党坚持一切从实际出发，将马克思主义的普遍原理与中国革命的实际相结合，重新确立起了正确的思想路线，实现了马克思主义的中国化。这一举措不仅在历史上具有重大的意义，扭转了中国共产党、红军和革命的被动挨打局面，而且在理论上开创了我党独立自主地运用马克思主义基本原理解决自己的路线、方针和政策问题的先河。新时代青年要清楚认识到身上所肩负的使命和重托，牢记使命、不负韶华，努力成为堪当民族复兴重任的时代新人，向党和人民交上一份满意的答卷。

3. 在长征过程中，红军将领和普通战士身上表现出来的集体主义精神体现在高度紧密的阶级友爱之情和正确对待犯错误的同志方面。同人民群众一道艰苦奋斗形成无坚不摧的战斗力是保证长征胜利的根本原因，体现了我党"全心全意为人民服务"的根本宗旨和艰苦奋斗的优良传统，是我党紧密联系群众的法宝。革命年代需要艰苦奋斗，今天同样需要进一步发扬艰苦奋斗精神，在社会主义市场经济条件下，深化对艰苦奋斗精神的认识尤其必要。艰苦奋斗精神是政治信仰、政治信念、政治抱负的充分体现，是取之不尽、用之不竭的力量源泉，也是中华民族的传统美德。

4. 不怕牺牲、乐于奉献的英雄气概和革命乐观主义精神可以作为思想政治教育中心理教育的内容，用来提高受教育者的心理素质和承受能力。红军长征之所以能够取得胜利，就是靠着这种不怕吃苦、肯吃苦，敢于打硬仗，以及对革命前途和道路充满信心的革命乐观主义精神。正是依靠这种精神，红军指战员们战胜了人类难以想象的艰难险阻。以青少年为主体的受教育者由于自身心理承受能力不强、社会经验缺乏等原因，容易受到竞争机制加强和节奏变化加快带来的压力影响，产生一定程度的心理问题，甚至是极端行为。因此，要发挥革命乐观主义精神的激励作用，积极引导受教育者缓解压力、释放压力，时刻以健康向上的心态、饱满充沛的毅力、战无不胜的勇气、无所畏惧的信心，把个人的奋斗和成长与国家和民族的命运紧密联系起来，为中国特色社会主义现代化建设添砖加瓦。

【问题解析】

一、选择题答案及解析

1. B　案例中，《九个炊事员》的故事发生在长征途中，长征是发生在土地革命战争时期。

2. A　思想政治教育的核心是理想信念教育。案例中 9 名炊事员的故事，体现了中国共产党人在革命战争年代顽强不息、艰苦奋斗、向着胜利不断勇敢前进的革命乐观主义精神，学习革命先辈的优良品格，传承红色基因，勇担时代重任，走好新时期的长征路。

3. ABCDE　本题主要考察长征精神的基本内涵，主要包括这 5 个选项中的内容。

二、思考题答案及解析

1.《九个炊事员》的故事体现了中国共产党的什么精神?

9名炊事员在长征途中以革命事业为重，真正做到了革命理想高于天，不怕任何艰难险阻，排除万难、艰苦奋斗，保证了战友们在长征途中“除了战斗减员以外，没有因饥饿而牺牲一个人”，以高度的革命热情和革命乐观主义精神帮助所在部队的红军指战员走过了二万五千里的长征路。

2. 结合案例中的故事，试论中国共产党思想政治教育的优良传统有哪些?

坚持着重从思想上建党。红军在第五次反围剿经历了失败后，被迫开始了战略转移，踏上了长征的征途。在长征途中，召开了挽救党于水火之中的遵义会议。在遵义会议上，中国共产党重新确立了以马克思主义为指导的，坚持独立自主，实事求是，一切从实际出发的思想路线，在思想上建党，使中国革命转危为安。

坚持服从服务于党的中心任务。在长征这场艰苦卓绝的政治行动中，中国共产党不断加强思想政治教育工作，周恩来同志曾在中国工农红军全国第一次政治工作会议致词中明确提出:“一切政治工作，要服从整个作战计划;一切政治工作，都要为着前线上的胜利”①，由此我们不难得出，在长征时期党的中心任务就是粉碎国民党反动势力意图消灭红军的阴谋，取得长征的胜利。党在长征途中，合理有效地进行思想政治工作，激励人心、提高斗志，号召广大红军指战员顾全大局、英勇战斗、不怕牺牲。

坚持理论联系实际。红军之所以开启长征之路，正是因为党内“左”倾思潮的泛滥，没有将马克思主义基本原理同中国革命实践具

① 郑权．政治建设是党的根本性建设［J］．前线，2019（4）：34－38.

体相结合，最终导致了第五次反围剿的失败。为进一步坚持真理，真正做到理论联系实际，党在遵义会议重新确立起正确的思想路线，最终取得了长征的胜利，体现了党在思想政治工作中理论联系实际的优良传统。

坚持批评与自我批评。在长征途中，中国共产党敢于开展批评与自我批评，批评了过去不符合中国革命实际情况的错误思想路线，于批评与自我批评中推动了中国革命建设和改革的历史进程，在思想政治教育中坚持开展批评与自我批评，定能在新时代提质增效，开拓创新。

坚持密切联系群众。在长征途中，中国共产党时刻牢记人民群众的主体地位，把全国人民和中华民族的根本利益看得高于一切，为了救国救民，不怕任何艰难险阻，不惜付出一切牺牲，坚持“从群众中来到群众中去”的思想观念。

坚持充分发扬民主。充分发扬民主这一优良传统贯穿于党的思想政治教育之中。在红军长征途中召开的遵义会议上再次强调了党的民主集中制和集体领导，批判了个人独断专行，充分发扬了党内民主。思想政治教育应不断充分发扬民主，推进疏导结合，进一步开展换位思考，提高受教育者参与的积极性、主动性、创造性，最终达到思想政治教育的目的。

坚持加强思想政治教育的制度建设。红军在1935年1月攻入遵义城的第二天，总政治部即发布《关于进遵义城的口号和八项注意通令》明确了红军在城中的活动范围和言行举止，通过颁布条例的方式对红军开展思想政治教育，使红军指战员意识到自己是保护工农群众的队伍，同时红军的种种举措也迅速得到了人民的信任和拥护，极大地调动了周围群众革命斗争的热情。坚持加强制度建设作为中国共产党思想政治教育的优良传统，可以从根本上进一步提高思想政治教育成效。

第二章

思想政治教育的功能和地位

案例4

《觉醒年代》央视热播*

【案例内容】

党史题材电视剧《觉醒年代》呈现了真实历史，传递爱国情怀，豆瓣评分高达9分，几乎零差评。收获众多年轻观众的喜爱，掀起年轻观众的追剧热潮，并引发广泛讨论。全剧深刻地揭示了马克思主义与中国工人运动相结合和中国共产党建立的红色起点，将“中国往何处去”这样一个宏大的历史命题，融入了具体而微小的历史事件中。

---

* 孙珺.《觉醒年代》央视热播，主演张桐：抱着敬畏和谦虚之心诠释角色［N－OL］.广州日报，2021－02－22［2022－03－10］. https://my.mbd.baidu.com/r/TeSnrbfdhm?f=cp&u=19d512aa4f7102fb.

【问题导引】

一、选择题

1.（单选）案例中的历史题材剧《觉醒年代》属于思想政治教育的__________载体。

A. 管理

B. 传媒

C. 活动

D. 语言文字

2.（单选）__________是青少年社会化的主要方式。

A. 大众传媒

B. 校园文化

C. 社会文化

D. 学校管理

二、思考题

1. 请你思考，电视剧《觉醒年代》取得成功的原因何在？

2. 你如何看待个人成就与国家发展之间的关系？

3. 历史题材剧《觉醒年代》能够发挥哪些思想政治教育功能？

【案例背景】

《觉醒年代》以近代内忧外患、风雨飘摇的中国为背景，讲述了近代中国先进知识分子以救亡图存为己任，开展得轰轰烈烈的爱国主义运动。它第一次全景呈现了对现代中国产生划时代影响的新文化运动与五四运动，第一次将五四新文化摧枯拉朽、一往无前的时代精神表现得历历在目、酣畅淋漓，第一次将五四青年追求祖国新生、追求民主科学、追求自由解放的初心表现得青春激荡、热血沸腾。正因为如此，在五四运动刚刚百年之后，在纪念中国共产党成立 100 周年之际，这部电视剧可以说是一次怀有崇高敬意的献礼，体悟革命先辈的初心使命，帮助我们回顾百年前的那段峥嵘岁月。

【主旨评析】

这部电视剧真实地表现了决定人民命运的革命历史实践，主张真实性与发扬革命史观相得益彰，“尊重历史、敬畏历史”，将百年前革命先辈所书写的壮烈篇章再次呈现在我们眼前，将思想政治教育同大众传媒紧密结合，使广大观众在产生感情共鸣和心灵共振的同时，获得真切的历史认知和精神洗礼。《觉醒年代》无论是对于中国革命历史的影像书写、传播正确的历史观，引导观众正确认识中国的革命历史，还是对于更好地发挥思想政治教育的功能，都具有重要的意义。

【启示解析】

1. 《觉醒年代》创新的表达方式将年轻人拉回了电视机前，不少对党史不够熟悉的年轻人，还会一边看剧一边查历史。《觉醒年代》降低了观众的观看门槛，也拉近了年轻人与党史之间的距离。通过电视剧这种直观可感的呈现方式，将观众带入到历史情境中，调动起青年群体对政治历史的关注和兴趣，成为一部激发青年群体爱党爱国的生动教材。

2. 《觉醒年代》讲述的故事发生在 1916 ~ 1921 年，它回溯了百年前旧中国所处的时代背景，以《新青年》杂志为基本叙事线索，串联起了陈独秀、李大钊、胡适、鲁迅等建党史上闪闪发光的名字，也刻画了毛泽东、周恩来、陈延年、陈乔年、邓中夏等热血青年追求真理探索新知的历史过程。电视剧的收视热潮启示我们，在进行思想政治教育时，要从历史事实中出发，从历史中汲取不竭的精神力量，尊重历史，贴近现实。

3. 不断巩固思想政治教育的地位和功能。《觉醒年代》的热播说明，思想政治教育作为社会实践活动，在提高人民群众精神文明水平、满足人与社会发展需要、引领群众价值追求等方面，有着不可替代的重要作用。在进行思想政治教育的过程中，要善于做好内容的时代化、方式方法的大众化转化工作。根据新的时代特点，结合新媒体技术手段，充分利用各类传媒载体，不断创新方式方法，扩展思想政治教育的受众范围，从而达到巩固思想政治教育地位、发挥其有效功能的理想效果。

【问题解析】

一、选择题答案及解析

1. B　历史题材剧《觉醒年代》属于思想政治教育的传媒载体，电视属于大众传播媒介的一种。

2. A　大众传媒是青少年社会化的主要标志。大众传媒面向的群体更加广泛，带有社会性，青少年通过大众传媒不断了解、学习社会化相关知识。

二、思考题答案及解析

1. 请你思考电视剧《觉醒年代》取得成功的原因何在？

电视剧《觉醒年代》的成功在于真实客观地反映了百年前中国先进知识分子以救亡图存为己任开展的革命斗争活动，将历史与现实相结合，使革命先辈从书中走近我们的生活，把波澜壮阔的革命历史生动的向我们展示出来，为党的百年征程献礼。

电视剧《觉醒年代》的成功更在于将革命历史、大众传媒同思想政治教育相结合。《觉醒年代》通过大众传媒的方式为我们讲述了革命年代的峥嵘岁月，对我们再一次进行了生动的理想信念教育，重温了中国革命的历史，体悟革命先辈的光辉事迹，学习革命先辈的红色精神，以中国化、时代化、大众化的方式进行了思想政治教育，获得人民广泛的喜爱，在思想政治教育方面取得了一定的成果。

2. 你如何看待个人成就与国家发展之间的关系？

个人成就与国家发展是紧密相关、密不可分的。国家富强、民族振兴是个人成就取得的前提条件。国家的发展为个人成就的取得提供了一个广阔的平台，国家的兴旺发达影响着个人成就的取得。国家和平稳定、长治久安，个人才能专心在自己擅长的领域进行研究学习，开展相应的社会实践活动，为取得成就打下坚实的物质基础。与此同时，个人取得的成就帮助国家不断向前发展，推动社会进步。国家是由诸多个人共同组成的，每个人都在自己擅长的领域取得显著的成就，便会推动国家的进步、民族的复兴。

3. 历史题材剧《觉醒年代》能够发挥哪些思想政治教育功能？

《觉醒年代》作为一部历史题材剧，为我们展现了中国革命初期革命先辈的红色故事，帮助我们重温那段峥嵘岁月，深入了解革命先辈的初心信仰，发挥了思想政治教育的基本功能。

保证正确的政治方向。《觉醒年代》向观众展示了马克思主义在中国的传播逻辑和中国共产党诞生的必然性，感受革命先辈为了追求民主科学、真理信仰的真挚情怀；展示了面对民族危机时，青年知识分子为国家奔走，坚持正确的政治方向，以正确的态度面对和解决国家所面临的问题，寻找一条救国救民的道路。《觉醒年代》带领观众再次回顾了中国革命的艰难岁月，有助于引导人们主动去了解马克思主义理论相关知识，帮助观众回到那段风雨飘摇、内忧外患的日子，感受革命先辈为了救国救民所做出的英勇牺牲，了解革命先辈为了富强、民主、文明、和谐的国家和自由、平等、公正、法治的社会所进行的不懈的斗争。

构建精神家园。历史题材剧《觉醒年代》通过讲述那一段峥嵘岁月，推动了中国特色社会主义文化的发展与创新，为大众提供了一份精神大餐，使观众对于那段革命历史有了更深刻的了解和认知，有助于对中国优秀革命文化的传承和发展。同时，通过革命题材影视剧的热播，引导受众赓续革命先辈的红色血脉，激发吾辈自强的使命和担当，发扬爱国主义精神。

案例5

从古田会议到新古田会议*

【案例内容】

1929年12月28~29日，毛泽东在上杭古田主持召开红四军党的第九次代表大会，该会议探索出思想建党、政治建军的光辉道路，新型人民军队由此走上了发展壮大的历史征程，史称古田会议。古田会议以思想建党、政治建军的鲜明特色，成为我党我军发展史上的一个重要里程碑。2014年10月30日，中共中央总书记、国家主席、中央军委主席习近平亲自决策和领导的全军政治工作会议在古田召开，这次会议也称作新古田会议。这次全军政治工作会议的主要任务是，研

* 孙昌兵. 传承古田会议精神，铸牢强军兴军之魂［N/OL］. 光明网，2021-05-02［2022-03-10］. https：//m. gmw. cn/baijia/2021-05/02/34817419. html.

究解决新的历史条件下，党从思想上政治上建设军队的重大问题。从古田会议到“新古田会议”，我国开启了政治建军的时代新篇。

【问题导引】

一、选择题

1.（单选）案例中，古田会议确立的原则体现了党思想政治教育__________的优良传统。

A. 坚持着重从思想上建党

B. 坚持理论联系实际

C. 坚持批评与自我批评

D. 坚持充分发扬民主

2.（单选）__________是强军之魂，必须永远坚持、毫不动摇。

A. 思想政治建设

B. 党对军队的绝对领导

C. 群众路线

D. 官兵一致

3.（单选）__________是思想政治教育发生的主要根源。

A. 认识根源

B. 价值根源

C. 实践根源

D. 阶级根源

4.（单选）思想政治教育学科是在总结思想政治教育__________、继承和借鉴优秀__________与其他学科成果的基础上创立的。

A. 历史经验、文化传统

B. 现实经验、实践积累

C. 历史经验、实践积累

D. 现实经验、文化传统

二、思考题

1. 你是否了解古田会议的历史背景？

2. 请你结合案例，具体分析思想政治教育在“勇于纠错，造就形神兼备人民军队”中的重要地位。

3. 在毛泽东等人对于军队问题的纠正以及红军思想统一的过程中，思想政治教育发挥了哪些重要功能？

【案例背景】

红四军下井冈山进入闽西以后，队伍得以扩大，兵员的成分和思想都更加复杂，多种非无产阶级思想在军中弥漫开来。毛泽东等同志发现了问题的严重性，及时加以纠正，于1929年12月28～29日，根据中央九月来信的精神，在福建省上杭县古田村召开中国工农红军第四军第九次党的代表大会，即古田会议，克服重重困难，问题得以解决。在新的历史条件下，再次于古田召开全军工作政治会议有利于继承发扬党和人民军队的光荣传统，为在新时代进一步加强和改进军队政治工作与强军兴军提供了政治保障。

【主旨评析】

两次古田会议跨越85年，但坚持党对军队的绝对领导这一军队建设之魂贯穿始终。回到革命战争时期我军政治工作奠基之地——古田再次召开全军政治工作会议，再次重申思想建党、政治建军原则，就是为了进一步统一全党全军思想，凸显军队思想政治建设的重要意义和核心价值，永葆人民军队的本色，确保人民军队永远立于不败之地。

在新形势下，提高人民军队的政治工作水平，继续对党领导的人民军队进行正确的思想政治教育，既是加强军队建设的关键，也是确保中国人民解放军能打仗、打胜仗的前提保障，更是实现两个百年奋斗目标的依托和保证。

【启示解析】

1. 古田会议之所以能够产生广泛的影响，主要是因为它集中了人民群众的智慧和经验，代表了人民群众的利益。只有在密切联系群众的基础上进行革命，红军思想问题的解决才有意义。进入中国特色社会主义现代化建设新时期，要进一步明确人民群众是社会主义建设事业的主力军和动力源泉，在最广泛人民的立场上开展思想政治教育，不断增强新时代思想理念的传播力、吸引力、号召力，发挥思想政治教育的大众性价值，实现凝心聚力，共建共享的良好局面。

2. 伴随着信息化社会的进程不断加快，互联网新媒体平台的高速发展，既为我们开阔视野、获取资源提供了便利和平台，也不可避免地面对各种非主流文化、非主流意识形态逐渐走进我们的社会生活之中，对人民群众的思想产生一定的危害性影响。面对多元社会思潮的冲击，理想信念教育的重要性和紧迫性日益凸显。因此，新时期的思想政治教育工作者要大力弘扬爱国主义、集体主义和艰苦奋斗精神，增强人民的理想信念和战胜困难的勇气。

3. 两次古田会议强调和坚持的中国共产党对军队绝对领导的主旨来源于革命、建设和改革发展实践，是我党我军在长期发展实践中，从胜利和失败的革命实践中得出的科学结论，反映了我们坚持一切从中国实际出发，按照实事求是原则开展各项工作的科学态度。《古田会议决议》就是毛泽东同志经过仔细的调查，研究当时的革命形势和红军内部所出现的问题，在联系实际的基础上起草的，是吸收了党内集体智慧的结晶。

【问题解析】

一、选择题答案及解析

1. A 中国共产党思想政治教育的优良传统有很多，在古田会议上，集中体现的就是我们坚持党对军队的绝对领导，着重从思想上建党，不断加强军队思想政治建设这一重要传统。

2. B 坚持党对军队的绝对领导，这是我党我军从长期的革命、建设和改革实践中得出的结论，是军队建设不变的灵魂。

3. C 社会实践是思想政治教育发生的主要根源。案例中古田会议的召开是为了扭转党和红军内部的不正之风，改变当时的思想风气，使党和红军的思想更好服从服务于中国革命的实践。

4. A 本题意在考查学生对思想政治教育隐性特征的理解，通过历史上文化的浸润，才有了各种路径当中的思想政治教育成效与影响。

二、思考题答案及解析

1. 你是否了解古田会议的历史背景？

中国工农红军第四军打破了敌人对井冈山根据地的多次围剿，逐步向赣南地区、闽西地区进军。由于部队组成人员自身思想政治素质不够硬，伴随红四军的向前推进部队不能及时得到教育，军队内部的各种不和谐、不一致的思想认识开始出现，暗流涌动。鉴于这种局面，为了解决问题，根据中央九月来信的精神召开了古田会议，在会上毛泽东同志作政治报告，朱德同志作军事报告，陈毅同志传达中央九月来信精神，通过了古田会议决议，及时纠正了党内各种错误思潮，明确了在思想上建党和在政治上建军的重要原则。

2. 请你结合案例，具体分析思想政治教育在“勇于纠错，造就形神兼备人民军队”中的重要地位。

团结人民完成各项任务的中心环节。在古田会议上，党和红军的领导人勇于开展批评与自我批评，勇于发现党、红军和自身存在的问题，积极扭转红军内部的错误政治风气和政治方向，保证了红军始终是人民的军队，激发了广大人民的动力，凝聚了广大人民的合力，团结了党和红军内部各个阶级的成员，统一了党和红军内部各种非无产阶级思想，团结人民为实现共产主义远大理想而不懈奋斗。

解决人民内部矛盾。在红军不断向赣南地区、闽西地区进军的同时，党和红军内部出现了各种极端民主化、小资产阶级思潮，党和红军领导人及时召开古田会议对党和红军进行思想政治教育。

3. 在毛泽东等同志对于军队问题的纠正及红军思想统一的过程中，思想政治教育发挥了哪些重要功能?

在毛泽东等同志对于军队问题的纠正以及红军思想统一的过程中，思想政治教育发挥了保证正确的政治方向和构建精神家园的重要功能。

保证正确政治方向。毛泽东等同志在向赣南地区、闽西地区进军的过程中，及时发现了党和红军内部由于人员成分日益复杂和思想教育暂时缺失导致的极端民主化思想、小资产阶级思想等非无产阶级思想蔓延。

构建精神家园。毛泽东等同志在古田会议上及时纠正了军队的问题，保证了红军的思想统一，解决了党和红军内部的思想问题，引领价值取向，使全党全军上下形成共同的价值追求，凝聚合力，保证了党和红军的先进性。通过在思想上建党和在政治上建军原则的确立，使党牢牢掌握了意识形态领域工作的领导权，更好地坚持无产阶级思想在党和红军内部的指导地位，发挥了思想政治教育构建精神家园的功能。

案例 6

《经典咏流传》：歌以咏志，乐以抒怀*

【案例内容】

《经典咏流传》为“旧诗作”谱上“新旋律”，将愉悦的音乐和触动心灵的古诗结合起来，为观众呈上一场“诗”“歌”盛宴。

歌以咏志、乐以抒怀。诗词歌赋与当代音乐旋律结合，焕发了新的生机活力，使主流经典成为流行先锋，实现了文学与音乐的跨界融合，从“流行”真正走向了“流传”，进一步达成“用曾经的盛世文化，拥抱今天的文化盛世”的新时代文化盛况。

【问题导引】

1. （多选）案例中《经典咏流传》体现了思想政治教育的______重要地位。

A. 团结人民完成各项任务的中心环节

B. 社会主义精神文明建设的基础工程

C. 解决人民内部矛盾的基本方式

D. 促进人的全面发展的重要途径

---

* 佚名．《经典永流传》：歌以咏志，乐以抒怀［N/OL］．中国日报网，2018－03－13［2022－03－10］．https：//baijiahao. baidu. com/s？ id＝1594805284156457083&wfr＝spider&for＝pc.

2.（单选）案例中《经典咏流传》体现了思想政治教育________的主要任务。

A. 理想信念教育

B. 爱国主义教育

C. 民主法治教育

D. 全面发展教育

二、思考题

1. 你看过《经典咏流传》吗？它带给你怎样的感受？

2. 文化综艺节目《经典咏流传》将传统文化赋予新生，深刻影响了人们的思维方式，这其中发挥了哪些思想政治教育功能？

【案例背景】

中央电视台文化综艺节目《经典咏流传》一经播出，便在人民群众中引发强烈反响。节目深层挖掘歌曲背后的主流价值，让古典诗文与流行元素结合、文化传播与情感教育结合，引发观众对古诗文的兴趣，陶冶观众情操，从而产生强烈的情感共鸣。

【主旨评析】

中央电视台文化综艺节目《经典咏流传》蕴含着丰富的思想政治教育功能，表现在传承中华优秀传统文化、孕育审美教育、传播情感价值等方面。这对提升思想政治教育实效有多方面启示，即在教育内容上要渗透美育，在教育载体上需重视文艺，在教育资源上要从中华优秀传统文化中汲取养分，推动美育教育的进一步发展，促进人的全面发展，引导学生树立文化自信。

【启示解析】

《经典咏流传》既把经典古诗文用歌唱的方式展示出来，还邀请文化学者对被传唱的古诗文的文化内涵进行解读，以人民群众喜闻乐见的形式让人们感悟到这档节目不只帮助人们背诗或者教诗，使人们体悟到古诗文的魅力，并重新发现古诗文在新时代的价值与力量，让人们汲取中华优秀传统文化的养分。这恰恰是思想政治教育的育人功能之一，即培育人们的审美能力，使人们从中华优秀传统文化中寻找浸润思想道德的元素，实现自身的全面发展。

将美育融入德育的过程就是思想政治教育引导人树立正确思想道德认知观念的一种有效方法。《经典咏流传》节目中流传的诗文歌曲具有一定的美育功能，通过让观众欣赏高雅的诗词和优美的流行乐曲能够潜移默化地感化观众的心灵，是一种切实有效的、人民群众喜闻乐见的思想道德建设方式。

【问题解析】

一、选择题答案及解析

1. BD　《经典咏流传》作为文化综艺节目，帮助人们回顾中华优秀传统文化，使人们再次体悟古诗词所具有的魅力，在新的时代背景下，提高人的文化水平，推动社会主义精神文明建设。

2. D　文化综艺节目《经典咏流传》通过创新内容形式、方式方法，以人民群众喜闻乐见的形式向大家展示古诗词的魅力，推动德育、智育、美育全面发展，体现了思想政治教育全面发展的主要教育任务。

二、思考题答案及解析

1. 你看过《经典咏流传》吗？它带给你怎样的感受？

文化综艺节目《经典咏流传》在中央电视台综合频道一经播出就引起了广大人民群众的热烈反响，受到了广大人民群众的喜爱。《经典咏流传》的播出使人们感受到中华优秀传统文化的文化魅力，认识到中华优秀传统文化在今天仍有重要的时代价值，增强了文化自信。《经典咏流传》的播出给了我们在碎片化信息时代，日益浮躁社会风气下重新思考中华优秀传统文化的机会，体悟古代诗人创作诗词佳作时的心境，在中华优秀传统文化的浸润中寻求精神上的庇护。《经典咏流传》的播出，在一定程度上提高了国民的中华优秀传统文化素养，提高了人民群众的审美情趣，发挥了思想政治教育应有的重要功能。

2. 文化综艺节目《经典咏流传》将传统文化赋予新生，深刻影响了人们的思维方式，这其中发挥了哪些思想政治教育功能？

党的十八大以来，思想政治教育工作地位日益提高，思想政治教育理论实践不断创新发展，大思政课的理论观点得到广泛应用。

保证正确政治方向。政治方向对党、对国家有着至关重要的意义，坚持正确的政治方向使党和国家坚持正确的发展道路，有利于党和国家实现既定的政治目标。文化综艺节目《经典咏流传》通过对中华优秀传统文化的时代内涵进行一一阐释，于中华优秀传统文化中引导人树立正确的思想认识观念，促使正确政治方向的深化。

增强民族凝聚力。民族凝聚力是一个国家、一个民族屹立于世界民族之林的重要基础，是凝聚全国各族人民不断向前奋斗的重要合力，是提高综合国力和国际影响力的关键因素。民族凝聚力的形成和巩固与思想政治教育密不可分。文化综艺节目《经典咏流传》通过大众传媒、网络媒体向人民群众传播中华民族优秀传统文化。

构建精神家园。通过讲述中华优秀传统文化的内容含义、当代价值，引导观众进一步坚定中国特色社会主义文化自信，以中华优秀传统文化为依托进一步发展民族文化，形成属于中华民族的共同价值追求，构筑共有精神家园。

案例7

亮出党徽的牧民大叔*

【案例内容】

2021年7月2日，在新疆维吾尔自治区阿克陶县木吉乡，几名游客在旅途中，车子陷入泥潭无法前行，最终两名当地牧民帮忙将车子成功推出泥潭。当游客想给予报酬以表感谢时，24年党龄的53岁牧民阿布都加帕尔·锰德急忙推辞，并自豪地展示自己胸前佩戴的党徽。

这一幕不仅令游客十分感动，更令无数网友为之动容，感慨道："这就是信仰的力量"。

【问题导引】

一、选择题

1. （单选）以阿布都加帕尔·锰德相关事迹开展思想政治教育，采用了__________的思想政治教育方法。

A. 疏导教育法

B. 比较教育法

C. 典型教育法

---

* 佚名．亮出党员徽章的牧民大叔，找到了！［N/OL］．人民日报，2022－01－03［2022－03－10］．https：//baijiahao. baidu. com/s？ id＝1720907125425178804&wfr＝spider&for＝pc.

D. 预防教育法

2.（多选）思想政治教育通过进行________，引导人们统一思想、形成共识，从而形成强大的民族凝聚力。

A. 增进民族团结

B. 培育民族精神

C. 激发爱国情怀

D. 丰富精神生活

3.（多选）社会主义精神文明建设包括________。

A. 思想道德建设

B. 社会科学文化建设

C. 价值引领建设

D. 政治意识建设

二、思考题

1. 了解了阿布都加帕尔的相关事迹，你认为他身上哪些优秀的品质值得你去学习？请结合具体事例简要分析。

2. 如何看待思想政治教育和个人成长之间的关系？

【案例背景】

新疆维吾尔自治区克孜勒苏柯尔克孜自治州阿克陶县木吉乡的牧民大叔阿布都加帕尔·锰德半年前帮助游客在泥潭中脱困的一件事，意外地让他成为“网红”。在他的家乡新疆维吾尔自治区克孜勒苏柯尔克孜自治州阿克陶县木吉乡火山口景区附近，游客的车辆深陷泥潭难以脱困，阿布都加帕尔和一位牧民看到后，主动向游客伸出援手。事后，游客想要支付酬金表示感谢。几经推辞，游客仍坚持要通过现金表达感谢，这时阿布都加帕尔亮出了胸前的党徽，并说道：“钱，不要。看这个！"阿布都加帕尔向游客亮出胸前党徽的这一举动，被游客拍成了视频，并发到互联网上。木吉乡木吉村村民要勒达西·托呼提白克，在网上看到了这段视频，马上认出视频中的主人公就是自己的邻居阿布都加帕尔，并告诉他说："阿布都加帕尔大哥，你在网上火了啊！"阿布都加帕尔却说："那是我应该做的事。"阿布都加帕尔，曾在新疆维吾尔自治区出入境边防检查总站克孜勒苏柯尔克孜自治州边境管理支队木吉边境派出所担任护边员，2021 年 9 月，由于身体患病，他不得已告别了自己热爱的岗位，但他乐于助人的故事还在继续，并激励着一批又一批共产党人。

【主旨评析】

闪亮的党徽，胜过千言万语。那一刻，他亮出的是身份更是本色，是荣誉更是信仰。心中有信仰，脚下有力量。无数像阿布都加帕尔一样的共产党员，在日常生活中，在点点滴滴的小事中，用实际行动践行心中的信仰。回首中国共产党百年发展历程，正是一个个为了中华民族伟大复兴不屈不挠奉献牺牲的共产党员们，用他们的无私无畏书写了中国共产党的百年华章。在中国特色社会主义进入新时代的新征程上，共产党人要继续肩负使命、眼含荣光，不断增强宗旨意识、先锋意识，始终牢记"中国共产党是什么、要干什么"这个根本问题，以踔厉奋发、笃行不怠的昂扬姿态，成为让鲜红党旗高高飘扬的坚强力量。榜样在前，我们义不容辞。

【启示解析】

1. 牧民大叔从入党那天起，每天都会戴着党徽，在他帮助别人后拒绝收钱，亮出党员身份的那一刻，眼中是信仰的光，感动了网友们，得到了网友的肯定与支持。青年一代只有筑牢信仰之基、补足精神之钙，才能“千磨万击还坚劲，任尔东西南北风”，在信息纷繁复杂的社会中坚定自身的理想信念。在新时代的长征路上，社会和时代赋予了青年更多的使命与责任，唯有坚定为民服务的信仰，人生之路才能行稳致远，党的事业才能稳步推进。

2. 从牧民大叔身上汲取一以贯之的实干精神。为群众做实事、做好事是共产党员的责任与义务，需要党员干部一以贯之地践行下去、坚持下去。牧民大叔将入党初衷刻于心、践于行，时刻从小事做起，服务家乡、服务人民、回报党和祖国。青年人要学习他一以贯之为民服务、实干担当的精神，要立足于自身岗位，从身边人身边事入手，坚持从细节做起，坚持从小事做起，善始善终，善作善成，持之以恒地做实事，把责任和担当时刻扛在肩上、落实到行动上，将为人民服务的宗旨内化于心、外化于行。

3. 牧民大叔的行为是中华传统美德的继承弘扬。中华民族自古就有扶危助困、无私奉献的传统美德，历经千年传承，至今闪耀着智慧的光芒。牧民大叔时刻践行着党员不求回报、甘于奉献的崇高品格，发挥着共产党员的先锋模范作用，青年学生要学习他默默付出、不求回报的奉献精神，要站好为民服务的立场，要做好事、做实事。

【问题解析】

一、选择题答案及解析

1. C　以阿布都加帕尔相关事迹开展思想政治教育，就是以阿布都加帕尔为典型，激励广大党员干部以阿布都加帕尔为榜样始终保持为中国人民谋幸福，为中华民族谋复兴的初心使命，牢记为人民服务的宗旨不断奋勇前进。这是一种典型教育法，因此选择 C 项。

2. ABC　本题考察对于思想政治教育的基本功能之一：对增强民

族凝聚力相关内容的理解和掌握。我国是一个统一的多民族国家，通过思想政治教育，开展民族团结、民族精神以及爱国主义的相关教育，从而实现思想认识上的共识，实践行动上的一致，民族力量的凝聚。

3. AB　社会主义精神文明建设包括思想道德建设和教育科学文化建设两个方面，其中思想道德建设处于基础性地位。

二、思考题答案及解析

1. 了解了阿布都加帕尔的相关事迹，你认为他身上哪些优秀的品质值得你去学习？请结合具体事例简要分析。

阿布都加帕尔在帮助游客脱困后多次拒绝其现金感谢，并向其出示身上佩戴的党徽，体现出一位老共产党员的高风亮节，也体现出一位老共产党员的高尚品质。阿布都加帕尔的举动正是千千万万共产党员的缩影，无数共产党员在自己的岗位上发挥着先锋模范作用，散发着光和热，青年一代应以此为榜样，牢固树立为民服务的思想和观念。

2. 如何看待思想政治教育和个人成长之间的关系？

以新疆维吾尔自治区牧民大叔阿布都加帕尔的榜样为具体事例进行思想政治教育，使受教育者感受到新时代共产党人对理想信念，初心使命的深刻践行，并在日后的个人成长中以阿布都加帕尔为代表的中国共产党人为榜样，在帮助个人树立正确思想认知，坚定正确政治方向，约束规范个体行为，激发其内在精神动力具有重要作用。

在进行个体的发展中，以国家前途命运为重，以爱国报国精神为指导，以改革创新精神为依托，努力学习科学文化知识在相应领域取得成果以推动国家富强和民族振兴。同时，思想政治教育对受教育者进行道德法治教育和全面发展教育，帮助其牢固树立社会主义核心价值观，并深化社会主义道德教育，同时帮助受教育者全面发展，陶冶审美情操，提高思想道德水平。

案例8

邓扶霞的“川菜奇缘”*

【案例内容】

邓扶霞出生于英国牛津市，是一位金发碧眼、不折不扣的外国女性。她的“表”与“里”，在20余年热爱和研究中逐步“中餐化”，充满了中国元素，她立志让美食成为种族之间充满善意的信使，自己则成为中国美食文化的国际传播者。2020年5月，英国百年名店福特纳姆和玛森公司将“2020年度美食大奖”颁给英国伦敦美食作家扶霞·邓洛普的新版《川菜食谱》。

【问题导引】

一、选择题

1.（单选）__________是民族的血脉，是人民的精神家园。

A. 文化

B. 制度

C. 道路

D. 理论

---

* 张红霞．扶霞，一个“有四川灵魂的英国女人”［N/OL］．川观新闻，2020－12－29［2022－03－10］．https：//baijiahao. baidu. com/s？id＝1687368798672885376&wfr＝spider&for＝pc.

2.（单选）构建牢固的精神家园，__________是支撑。

A. 精神生活

B. 物质生活

C. 价值取向

D. 价值基础

3.（多选）精神家园的形成和巩固是__________共同作用的结果。

A. 传统文化

B. 外来文化

C. 革命文化

D. 中国特色社会主义文化

二、思考题

1. 在邓扶霞的影响下，越来越多的人投身中华饮食文化的传播中，这体现了思想政治教育的什么功能？

2. 请你思考，邓扶霞积极学做川菜、进行饮食文化交流的原因有哪些？

【案例背景】

20 世纪 90 年代，英国女孩扶霞・邓洛普出于对中国少数民族历史的学术热情，只身前往中国。她在造访西藏自治区的旅途中途经四川省成都市，一餐豆瓣鱼、凉拌鸡和鱼香茄子改变了她的人生轨迹。扶霞・邓洛普带着青春独有的坦率和好奇，毅然踏上一闯就是十年的冒险旅程。从一位来自异国的“美食猎人”，蜕变成为“伦敦久负盛名的中餐文化代言人”。从小就对烹饪很感兴趣的邓扶霞已经致力于传播中餐文化多年。除了《鱼翅与花椒》，她还撰写了《川菜食谱》《中餐革命：湘菜食谱》《家常菜谱》和《鱼米之乡：淮扬食谱》4 本关于中餐的著作。多家权威外媒都曾报道过邓扶霞和她对川菜及中国美食的理解。英国《卫报》曾报道称，随着中国文化影响力的不断提升，以及像邓扶霞这样的美食作家对中餐的深入介绍，英国的中餐界正在经历一场变革。

【主旨评析】

中国与世界不断加强相互间人文、艺术的交流与沟通，不仅于此，传统美食文化方面交流也更加紧密、频繁。这些交流活动，为新时期思想政治教育工作延伸出新的研究领域和实践方向，为新时代推动思想政治教育理论和实践的创新提供了现实依据。具体而言，美食、美景、文学、时尚等美学符号都可以作为思想政治教育的有效维度加以分析、研究，而通过这些维度的交流，能够潜移默化地通过增进互信与理解达成理想教育效果。

【启示解析】

1. 从思想政治教育内容层面来看，虽然外来文化与中华文化具有不同特质，但这也正是文化发展和创新的契机及源泉，这种差异化的交流能够帮助我们更清晰的明确自身文化的特质，同时对于外来文化的选择性借鉴就更有针对性和实效性，从而得以吐故纳新，产生新的具有创造力的文化，使更多人了解到中华优秀传统文化，以此丰富精神文化内容，确保文化发展的生机活力。案例中的邓扶霞就是中外文化交流的使者，通过她的文字，让世界更加了解中国餐饮文化，而我们也从邓扶霞身上，感受到外来文化的独特魅力，并找到了文化交流的途径和方法。

2. 案例中的邓扶霞积极参与各国的文化交流活动，并在这些活动中，推介了中国文化。可见，文化交流活动是我们进行文明交流互鉴的一个重要载体和平台，我们要善于打造这样的文化交流平台，使其成为各国文化艺术展示和互鉴的场所，展示中华文明的同时，也能够进一步打造精神家园，使参与者能够在这个过程中提升自身文化鉴赏能力，发挥创造能力，培养创新思维。同时，参与者要以高度统一的群体性价值理念，推动活动任务的圆满完成，自觉树立集体主义精神、团队协作精神，达到对参与者进行思想政治教育的目的。

【问题解析】

一、选择题答案及解析

1. A　文化是一个民族不断向前发展的精神支柱，在构建人民精神家园的过程中具有重要意义。

2. C　在构筑精神家园的过程中，发挥支撑作用的是价值取向。价值取向是精神家园建设和发展的方向，如果没有它的正确导向和支撑，精神家园就会杂草丛生，就会出现精神的失落和价值的迷惘，所以价值基础是共有精神家园的支撑。

3. ABD　传统文化、中国特色社会主义文化和外来文化三者共同作用，构筑起精神家园。其中，中华优秀传统文化的继承和弘扬是基础；中国特色社会主义文化是核心，外来文化是补充。

二、思考题答案及解析

1. 在邓扶霞的影响下，越来越多的人投身中华饮食文化的传播中，这体现了思想政治教育的什么功能？

在邓扶霞的影响下，越来越多的英国人了解到了中华饮食文化，使英国的中餐不断创新发展，推动中华饮食文化在海外的广泛传播，体现了思想政治教育构建精神家园，推动文化的交流互鉴、创新融合。

思想政治教育是一门具有导向性、群众性、渗透性、综合性的学科，教育者可以通过多种方式向受教育者传递思想政治认知。邓扶霞通过撰写中餐食谱，向英国人传递了中华优秀文化，使英国人对中华优秀文化有了进一步的认知和思考，潜移默化地推动了中英两国间的文化交流互鉴，丰富了受教育者的精神世界，构建其丰盈的精神家园。

2. 请你思考，邓扶霞积极学做川菜、进行饮食文化交流的原因有哪些？

邓扶霞积极学做川菜、进行饮食文化交流原因共有以下三点：

首先是中华优秀传统文化具有旺盛的生机活力。邓扶霞于旅途中探索发现了中华美食，并为中华美食所折服，被中国传承千年经久不衰的文化所吸引，所以她积极致力于学做川菜，推动饮食文化不断交流发展。

其次是丰盈自身精神世界的需要。饮食文化作为传承千年经久不衰的中华优秀传统文化的一种，自身带有其独特的魅力，可以给予人精神力量。邓扶霞可以在研究学习做川菜和进行饮食文化交流的过程中不断丰富自己的精神世界，了解到更多关于中国文化的内容，并进行更多的思考和学习，推动自身精神世界的丰盈。

最后是文化互鉴的需要。邓扶霞对川菜等饮食文化的学习是出于推动两国间饮食文化创新互鉴的需要。

案例 9

农民工和海德格尔*

【案例内容】

2021 年 11 月初，农民工陈直在网络上发帖询问其翻译的理查

* 李勤余．农民工和海德格尔，突兀吗？［N/OL］．光明日报，2021－11－22［2022－03－10］．https：//baijiahao. baidu. com/s？ id＝1717029009024848363&wfr＝spider&for＝pc.

德·波尔特的哲学专著《海德格尔导论》是否有可能出版。在互联网时代，“农民工思考海德格尔”引发了一场关于农民工和关于哲学的讨论。如果钻研哲学能够让他得到精神世界的愉悦和满足，能够让他更好地发现、认知自己和这个世界，这固然存在一定积极意义。一个成熟的社会，不仅要包容“农民工思考海德格尔”，还要为普通人丰盈精神家园提供帮助和社会支持。

【问题导引】

一、选择题

1.（单选）案例中陈直学习哲学体现了思想政治教育__________的基本功能。

A. 培育和弘扬社会主义核心价值观

B. 保证正确政治方向

C. 构建精神家园

D. 增强民族凝聚力

2.（单选）构建中华民族共有精神家园是__________的重要内容。

A. 社会主义精神文明建设

B. 践行和培育社会核心价值观

C. 激发爱国情怀

D. 社会主义文化建设

3.（多选）思想政治教育在中华民族共有精神家园建构中的作用体现在__________。

A. 提供精神食粮

B. 丰富精神生活

C. 引领价值取向

D. 坚定文化自信

二、思考题

1. 如果不看案例，你会将农民工和海德格尔联系在一起吗？
2. 思想政治教育在陈直的经历和所作所为中发挥了哪些功能？
3. 通过陈直的故事，你得到了哪些启示？

【案例背景】

年轻的农民工陈直从大学中途退学后，辗转广东省、福建省等地打工，在高强度且不稳定的工作之余，坚持阅读海德格尔等哲学家的著作，思考一系列哲学问题，在思考哲学的过程中进行自我审视，寻找生活的意义。此事在网络上经过媒体报道引起了广泛关注。

在一个盛行功利主义和工具理性的浮躁时代里，有用还是无用、利多还是利寡，成为一些人评判是非曲直的价值标准；这样的实用主义，导致“哲学遇冷”成为一种尴尬的现实，“读哲学被嘲笑”令人纠结。物质生活谈不上丰盈的农民工思考哲学，很容易给热衷“浅阅读”“碎片化阅读”的人们一种不务正业、本末倒置的认知。

【主旨评析】

围绕农民工陈直翻译海德格尔这件事，外界存在一些偏见。这主要还是“海德格尔”与“农民工”两个标签，在世俗眼光中有着相互对立的天然矛盾。当外界用农民工的视角去衡量陈直，自然会得出他不务正业、无责任感、无上进心等结论，并认为他与外界对农民工固有的“成见”格格不入。这无疑是外界对农民工群体的偏见。任何一个人都有权利进行精神探索，探讨哲学问题，追求自己所热爱的东西。更何况，这种探索和研读，还会带来知识的进步和内心的丰富。哲学为陈直指明前进的方向，激发了陈直生活的动力，给予他精神力量，帮助他做出正确的价值判断和人生选择。这条精神之路的探索或许对陈直而言，远比现实世界的“幸福安稳”与“发家致富”更为重要。因此，对于陈直的选择，我们不妨跳脱出外界的目光给予他多些宽容与尊重。

【启示解析】

1. 文化是一个民族的根基和血脉，社会主义文化建设的一项重要内容就是构筑中华民族共有精神家园。案例中的陈直对哲学的喜爱就是个体精神家园的建构。人是物质性存在和精神性存在的总和，精神家园与物质家园同样重要。如果人的身体流离失所，生存就无法得到保障。而如果人的精神无所归属，无所寄托，无处安顿，就如同没有灵魂的行尸走肉。对于个体而言，无论是什么身份地位，精神家园的建构都不可或缺。

2. 中华民族共有的精神家园是全体中华儿女赖以生存的固有的精神世界，在文化层面上进一步使全体中华儿女筑牢中华民族共同体意识，帮助中华儿女牢固树立文化自信。

【问题解析】

一、选择题答案及解析

1. C　陈直通过对西方哲学的阅读与思考，逐步充盈和丰富自身的文化生活，于哲学中寻找对自身心灵的庇护，找到赖以生存的精神港湾，有效发挥了以语言文字为载体的思想政治教育的重要作用，构建精神家园。

2. D　本题主要考察对于文化建设和精神家园关系问题的理解和

认知，构筑中华民族共有精神家园是社会主义文化建设的重要内容。

3. BCD　本题主要考察思想政治教育在构建精神家园中作用的具体体现，思想政治教育本质上说就是从精神上改造人，塑造人们精神世界的实践活动，所以其在构筑精神家园中发挥着丰富精神生活、引领价值取向、坚定文化自信的重要作用。

二、思考题答案及解析

1. 如果不看案例，你会将农民工和海德格尔联系在一起吗？

如果不看案例，我不会将农民工和海德格尔联系在一起。农民工在我们的普遍认知中是文化水平较低，在城市中以体力劳动为生的群体。而海德格尔则是德国著名哲学家，存在主义哲学的创始人和主要代表人物之一，其思想晦涩难懂需要拥有一定文化水平才可以进行深入学习以及交流探讨。农民工和海德格尔是两个我们在普遍认识中难以将二者相互联系到一起的，人们会认为农民工并不具备讨论海德格尔及其哲学的文化素养。

2. 思想政治教育在陈直的经历和所作所为中发挥了哪些功能？

思想政治教育作为一门培育人、引导人、启发人的学科，在人的成长成才过程中具有不可或缺的作用，发挥着重要的功能。陈直在大学中途退学后一直利用业余时间苦心钻研哲学问题，在不断追问中探讨人生和世界的价值与意义，不断充盈自己的内心世界，体现了思想政治教育构建精神家园的基本功能。精神家园可以庇护人的心灵，为人在全面发展的过程中提供心灵的港湾，从而促进人的全面健康发展。陈直通过阅读海德格尔等哲学家的著作丰富了他的精神世界，于无形中形成自己的文化信仰，使他的精神家园永葆生机。

3. 通过陈直的故事，你得到了哪些启示？

农民工陈直大学辍学后，在各地辗转打工的过程中，有效利用空闲时间通过自学不断阅读海德格尔等哲学家的著作，不断探索世界的奥秘，努力思考一系列的哲学问题，他的种种举动对新时代青年学生来说有诸多启示。

树立终身学习观念。伴随着信息化社会的不断深入、经济社会的高速发展，作为社会成员的一分子都要努力积极迎合社会发展和个体生存发展需要，积极主动树立终身学习理念，无论身处何时何地都要抱有一颗求知若渴的心灵。陈直在大学辍学后仍不放弃思考，跳脱出功利主义的桎梏，利用空闲时间努力学习哲学，在哲学方面上拥有自己的理解。

在新的历史条件下，物质生活前所未有的充盈，西方个人主义、享乐主义、奢靡主义日益渗透，当代青年人应以陈直为榜样，摒弃实用主义、功利主义错误思想，回归精神生活本身，通过丰富精神文化生活来提高自身思想觉悟，树立正确的思想认知。

第三章

思想政治教育的过程和规律

案例10

如果信念有颜色，那一定是中国红*

【案例内容】

2021 年 9 月 25 日 22 时 14 分，中国公民孟晚舟乘坐的中国政府包机抵达深圳市。在被加拿大无理由拘押 1000 多天后，孟晚舟终于回到祖国怀抱，与家人团聚。孟晚舟在机场发表简短讲话并表示："有五星红旗的地方，就有信念的灯塔。如果信念有颜色，那一定是中国红！"这是党中央坚强领导的结果，是中国政府不懈努力的结果，是全中国人民鼎力支持的结果，是中国人民的重大胜利。

---

* 佚名．孟晚舟：如果信念有颜色，那一定是中国红！［N/OL］．新民晚报，2021－09－25［2022－03－10］．https：//baijiahao. baidu. com/s？ id＝1711885526586314319&wfr＝spider&for＝pc.

孟晚舟事件的实质，是美国试图阻挠甚至打断中国发展进程。无论美国还能变换出几副面孔，中国走自己道路的信念已经越发坚定，中华民族伟大复兴的历史进程已经不可逆转。

【问题导引】

一、选择题

1. （单选）任何思想政治教育，都是以__________为主体的活动。

A. 国家

B. 人

C. 家庭

D. 社区

2. （单选）案例中孟晚舟的机场感言，表达着对祖国深沉的爱。所以加强__________，继承和发扬爱国主义传统，对于振奋民族精神，增强民族凝聚力具有重要意义。

A. 集体主义教育

B. 爱国主义教育

C. 民族团结教育

D. 社会主义核心价值观教育

3. （单选）思想政治教育与__________的关系是一对基本的、相辅相成的关系。

A. 社会意识形态

B. 社会阶级

C. 共产主义政党

D. 大众文化

4. （单选）思想政治教育的目的要求既要源于__________，又要超越__________，从而能够推进社会乃至个体的全面发展。

A. 教育，教育

B. 现实，现实

C. 教育，现实

D. 现实，教育

5. （单选）思想政治教育过程具有__________、__________。

A. 全员性、全程性

B. 规范性、制度性

C. 规范性、全员性

D. 全程性、制度性

二、思考题

1. 孟晚舟事件带给我们哪些启示？

2. 高新技术企业发展有哪些重要作用和巨大意义？

【案例背景】

孟晚舟，女，汉族，无党派人士，毕业于华中理工大学，管理学硕士学位，中国香港永久居民，华为创始人任正非之女，现任华为公司副董事长、轮值董事长、首席财务官（CFO）。2018 年 12 月 1 日，孟晚舟在加拿大温哥华机场转机时，被加拿大警方拘押关进了监狱。后经华为据理力争，同意孟晚舟保释。2021 年 8 月 18 日，孟晚舟引渡案结束审理，在被加拿大无理拘押 1000 多天后，孟晚舟终于在 2021 年 9 月 25 日成功归国。

【主旨评析】

在被加拿大政府非法拘禁了 1028 天之后，孟晚舟终于回国了。孟晚舟掷地有声地说：“否认控罪！”这个答案，她前前后后坚持了整整3年！她饱含爱国情怀，坚定对祖国的信心。孟晚舟事件发生在中华民族伟大复兴的关键时期，发生在世界百年未有之大变局中，孟晚舟的平安归来，是中国在崛起道路上的又一次重大胜利！这次事件提醒我们，中国不仅要敢于斗争，更要善于斗争，特别是要善于运用国际规则维护国家主权、安全和发展利益。

【启示解析】

1. 思想政治教育要重视团结人民，激发人民的爱国情怀。

全程关注孟晚舟事件，十分让人感动的是，从国内人民到海外同胞，从外交人士到普通民众，从各界群众到企业和社团组织，在支持晚舟女士的问题上空前一致，实现了万众一心。每一个关心过孟晚舟事件的朋友，都不要小看你自己的力量。强大的民意通过网络、民间和官方的各种渠道，汇集成了中华声音，让美国、加拿大和世界感知到了中国力量。汇丰证据的配合，很大程度上也是考量了民意的后果。由于西方的特有文化，民意的支持，在国家处理对外事务时，毫无疑问是重大的、有力的砝码。

2. 思想政治教育要重视价值观的引领，坚定文化自信，构建精神家园。

这上千个日夜的波澜起伏中，给大家留下深刻印象，也传递了温暖和力量的是晚舟女士从容自信的微笑。每次出面，戴着脚镣的她，都穿着得体，神态从容，面带微笑。从这微笑中，不仅看得到她良好的涵养和强大的内心，还看得到内心的无愧和必胜的信心，看得到中华文化中“泰山崩于前而色不变”的强大基因。在获释后的讲话、包机上感言、机场致辞中，晚舟女士充分展示了爱国情怀、感恩情怀和清醒的头脑，再次增加了大家对她的好感。孟晚舟生动地诠释了东方文明的深层积淀，她用行动告诉我们，微笑是力量，不管对自己还是对敌人。

3. 思想政治教育要重视构建家国一体，个人的命运离不开社会的发展和国家的兴衰。

孟晚舟的胜利，属于她自己，属于华为，属于喜欢关心她的人们，更属于我们的祖国。国家的日渐强大也增强了话语权，让世界能听到中国的声音。我们一次又一次听到，外交官的强力交涉，新闻发言人的铿锵发声。更有分量的是，中美会晤时，晚舟女士的问题被纳入了中国向美国提交的清单上，表达了强力诉求。记得当年，美国为了对付法国的阿尔斯通，逮捕了阿尔斯通的高管皮耶鲁齐，最终逼迫阿尔斯通将70%股权出售给美国通用电气公司。本来很多人认为这次华为会是阿尔斯通事件的翻版，但最终孟晚舟却以不认罪、无巨额罚款的条件获释。试想，如果没有强大国力的支持，以华为一“企”之力能应对得来吗？对此，孟晚舟在机场的话是最好的诠释：“回首3年，我更加明白，个人命运、企业命运和国家的命运是十指相连，祖国是我们最坚强的后盾。”

【问题解析】

一、选择题答案及解析

1. B　思想政治教育的特殊性在于其发动者、组织者、实施者是人，接收对象也是人，育人属性是其本质属性，是以人为主体的活动。

2. B　案例中，孟晚舟回国下飞机后，第一时间表达了对祖国的爱，爱国主义教育是思想政治教育的重要内容，加强爱国主义教育，是汇聚复兴力量，推进社会发展的根本动力。

3. B　思想政治教育性质的本质规定，就是对意识形态的政治社会化路径的承认与重视。要通过开展对马克思主义经典作家、中国特色社会主义理论体系、国际国内形势与政策等知识的规定性传授，使之相互联系、相互渗透，形成思想政治教育的合力。

4. B　以目的为导向，从现实出发，又归于现实，体现了思想政治教育的初心与本质，如果不能够通过思想政治教育达成指导现实的目的，那么思想政治教育在社会维度能够发挥的有效作用将十分有限。

5. A　不分文化背景、年龄、阶层，只要接受教育，就会接受思想政治教育，因而具有全员性。在不同的人生阶段，从学校到家庭，从媒体到社区，思想政治教育又具有高度的全程性，从教育的原初阶段便开始影响着整个社会内的个体。

二、思考题答案及解析

1. 孟晚舟事件带给我们哪些启示？

孟晚舟虽然是我国的公民个体，但是在新时代具有很高的代表性。事实上，为了遏制中国的发展，西方强国以及我国主要的竞争对手不惜破坏国际规则，用令人不齿的手段进行破坏规则的一系列操作，其遏制中国科技发展之心昭然若揭。

2. 高新技术企业发展有哪些重要作用和巨大意义？

在第四次工业革命的时代大背景之下，中国要发展、超越，就一定要牢牢把握住机遇，赶上科技革命这趟时代列车，不断超越、创新，直至引领。而高新科技的发展，也是惠民利民的重要先手棋，能够在民用商业领域发挥着巨大的经济杠杆效应。

案例11

帮助别人，快乐自己的郭明义*

【案例内容】

郭明义参加工作的37年里，他干一行爱一行，钻一行精一行，在先后从事的7个不同岗位上，从机关办公到露天采场，郭明义都付出了大量辛苦劳动，并因此取得了突出的业绩与个人发展，通过个人技能的提升，创效1.5亿多元。郭明义既不为诱惑所动，又不惧强权所迫，像一颗永不生锈的螺丝钉，牢牢地拧在了自己的岗位上。更难能可贵的是，郭明义参加过几乎所有类型的社会公益项目，扶危济困，倾力而为。

【问题导引】

一、选择题

1.（单选）通过分析案例中郭明义的事迹可以明晰，思想道德状况是一个社会__________的表现，也可以说是思想政治教育实效性的表现，它对人们的生活和思想影响很大。

A. 精神风貌

B. 号召力

C. 影响力

D. 物质发展水平

---

* 佚名. 帮助别人，快乐自己（最美奋斗者）[N]. 人民日报，2019-11-27（07）.

2.（单选）注重分析、引领社会思潮，是思想政治教育的重要＿＿＿＿＿＿。

A. 功能和职能

B. 使命和职能

C. 使命和功能

D. 职能和路径

3.（单选）研究和引领社会思潮，要围绕＿＿＿＿＿＿建设，坚持社会主义主流意识形态。

A. 世界观、人生观、价值观

B. 社会主义核心价值体系建设

C. 传统文化

D. 马克思列宁主义

4.（单选）新时代的思想政治教育，虽然网上的＿＿＿＿＿＿力量基本能够守住主阵地，但网上的＿＿＿＿＿＿言论和各种势力制造的一波又一波的舆论攻势也不可低估。

A. 积极，恶俗

B. 正面，负面

C. 多元，各类

D. 最好，最坏

5.（单选）思想政治教育的现象具有不断发展变化的＿＿＿＿＿＿特点，这也为思想政治教育工作者提出了活到老、学到老的要求。

A. 静态性

B. 不变性

C. 动态性

D. 易变性

二、思考题

1. 郭明义身上体现了怎样的精神？

2. 在新的历史条件下，如何继承和弘扬“雷锋精神”，持续助推社会发展？

【案例背景】

郭明义，男，汉族，中共党员，1958 年 12 月出生，1977 年 1 月入伍，辽宁省鞍山市人，鞍钢矿业集团有限公司齐大山铁矿生产技术室业务主管；党的十八、十九届中央委员会候补委员；中华全国总工会副主席（兼）。郭明义以雷锋为榜样，几十年如一日敬业爱岗、无私奉献，累计义务献工 21000 余小时，捐款 54 万多元，资助贫困学生 300 多名，无偿献血 7 万多毫升，影响带动了 230 多万人加入郭明义爱心团队，广泛掀起了“跟着郭明义学雷锋”的热潮。

【主旨评析】

时代需要英雄，社会呼唤雷锋。作为一名道德模范，郭明义用他的爱心和奉献展示了道德建设对社会物质文明、精神文明、政治文明、生态文明协调发展的重要作用。加强道德建设将凝聚起推动社会发展的强大精神动力，转化成具有持久性的社会发展动能，从而成为政治、经济、文化发展的助推力量。相信通过对雷锋传人郭明义事迹的学习，青年们能够从中感受到个人奉献的意义和价值，具备更强烈的“强国有我”的主人翁意识和责任感，以更加积极主动的奋进之姿在中国特色社会主义现代建设的新征程上接续奋斗，不负韶华，书写属于自己的青春华章。

【启示解析】

1. 郭明义的事迹之所以打动人，就是因为他时时用自己的实际行动，向人们播撒着热爱祖国、服务人民、崇尚科学、辛勤劳动、团结互助、诚实守信、遵纪守法、艰苦奋斗的高尚思想种子。马克思主义理论是社会主义核心价值观的灵魂，我们始终应当牢握的主线就是尊重人、理解人、关心人、帮助人，深入领会实现人的全面发展这一核心理念。

2. 共同理想是建设和谐社会的内在动力。思想政治教育能够坚定人们的共同理想，强化精神支柱，弘扬基本道德规范，把全党、全国人民的思想和力量凝聚起来，致力于中国特色社会主义现代化建设。郭明义精神与党在新时期的总任务、总目标紧密相连，弘扬郭明义精神能够把广大人民的智慧和力量凝聚到实现党的总任务、总目标上来。郭明义几十年如一日超负荷埋头苦干，艰苦奋斗，爱岗敬业，默默奉献；克服年龄障碍学习外语，钻研现代科技知识；不满足现有工作成绩，迎难而上，勇于创新等，都与加快建设与发展、实现党在现阶段的总任务、总目标密切相关。在社会主义现代化建设过程中，迫切需要一大批像郭明义一样具有敬业精神的时代先锋，从而带动整个社会将思想和行动统一到党和政府的决策部署上来，把智慧和力量凝聚到现代化建设上来。

3. 端正党风、社会风气是建设和谐社会面临的最现实、最迫切的问题，郭明义精神在这方面有着很强的现实针对性。开展向郭明义同志学习的活动，有助于引领党风、社会风气向好的方面转变。郭明义是辽宁大地成长起来的共产党员的优秀代表，他的先进事迹与崇高品德彰显着中国工人阶级的伟大品格，是新时期共产党员先进性的具体体现，也是每个共产党人面前的一面镜子、一把尺子。开展向郭明义同志学习的活动，弘扬他的精神，就是在一点一滴地做激浊扬清的工作，扎扎实实地做净化社会风气的工作。

【问题解析】

一、选择题答案及解析

1. A　本题考察的是对思想道德教育效应的理解，在精神文明维度，思想道德状况就是社会精神风貌的表现。

2. B　本题从思想政治教育的背景和路径出发，定义其使命和职能，在分析—转化—引领的路径过程当中，体现出其使命和职能的重要性。

3. B　研究和引领社会思潮要围绕社会主义核心价值体系建设，坚持社会主义主流意识形态的主导和灌输。

4. B　本题意在考察学生们对于思想政治教育网络影响的全方位理解。

5. C　本题意在考察学生们对于思想政治教育历史性、时代性的把握与理解。

二、思考题答案及解析

1. 郭明义身上有着怎样的精神？

作为学习和践行雷锋精神的优秀代表，郭明义以自己的实际行动向我们展示了新时代如何继承和发扬雷锋精神。郭明义是新时代爱心和奉献的楷模和典范，彰显了个人对社会发展的积极影响，弘扬了我们应该始终坚守的社会正气，具有不可替代的重要作用和时代价值。正因为有了这种“爱心”和“奉献精神”，郭明义才显得如此的高大，显得如此的受人尊重，引人瞩目。在新时代，他砥砺奋进的故事激励着新时代的新青年，在为第二个百年目标奋斗的新征程上，对标时代楷模，勤于学习、勇于奋进。

2. 在新的历史条件下，如何继承和弘扬“雷锋精神”，持续助推社会发展？

随着时代的发展进步，今天的社会环境和雷锋同志生活的时代相比已经有了翻天覆地的变化。面对这种变化，如何在新的历史条件下继承和弘扬雷锋精神，案例中的郭明义同志给我们做出了一个标准答案。可以说，郭明义就是新时代传承雷锋精神的楷模，他的思想和行为无不昭示了一名优秀共产党员对社会和国家深沉的爱，是社会主义核心价值观的生动诠释。我们要以郭明义同志的先进事迹为典范，发挥榜样的示范引领作用，在新的历史条件下，不忘初心、奉献爱心、保持热心、坚定信心，营造昂扬向上的道德环境和乐于助人的浓厚氛围，从而凝聚起实现中华民族伟大复兴的磅礴伟力和强大合力。

案例 12

迎丰村的 109 个梦想*

【案例内容】

在杭州市临安区，有这样一位村委会主任，5 年来他收集了 260 个村民梦想，完成一个、勾掉一个，再添上新的梦想，再继续打钩。他用 21 本工作笔记、总共近 100 万字的记录，原原本本地记录下村民

* 佚名．迎丰村的“109 个梦想”［N/OL］.（2020 - 08 - 06）［2022 - 03 - 10］. http：//k. sina. com. cn/article_1896116202_m71046fea03300kc40. html? sudaref = www. baidu. com&display = 0&retcode = 0.

的梦想和期盼中美丽乡村的模样，记下自己带领大家共同圆梦的每一个足印。他就是湍口镇迎丰村村委会原主任王丰华。2013 年 12 月，村委会主任选举，798 名村民参加投票，有 727 张选票投给了王丰华。王丰华也不负村民信任，在他担任村委会主任的 5 年多里，将迎丰村创建成为浙江省民主法治村、杭州市美丽乡村精品村、杭州市文明村，村集体经济也由 2013 年负债 100 多万元变成了年收入 20 余万元，村庄面貌焕然一新，王丰华也赢得了村民的尊重与信赖。直到 2019 年 6 月，他因病去世前，仍旧牵挂着全体村民，寄希望于让村民把梦做得更大一点。

【问题导引】

一、选择题

1. （多选）迎丰村的致富故事体现了思想政治教育过程中相互关联、前后衔接的__________阶段。

A. 教育准备

B. 信息交流

C. 理论内化

D. 外化应用

E. 反馈调控

2. （单选）思想政治教育，归根结底是为了满足社会和__________的发展需要。

A. 物质

B. 精神

C. 人

D. 国家

3.（单选）从案例可知，思想政治教育__________与思想政治教育__________是不可分割地联系在一起的。

A. 规律、现象

B. 内容、规律

C. 现象、本质

D. 本质、内容

4.（单选）思想政治教育突出而鲜明的本质属性，就是社会主义__________性。

A. 意识形态

B. 精神文明

C. 物质文明

D. 形而上学

5.（多选）要做到科学决策，需要认真把握好__________基本方面。

A. 要善于发现问题

B. 要确定思想政治教育目标

C. 要制订教育计划

D. 要制定思想政治教育方案

二、思考题

1.“心愿墙”在迎丰村走向富裕的道路上起到了什么作用？

2. 结合迎丰村发展致富的案例，谈谈思想政治教育活动有哪些环节？

3. 王丰华的事迹为基层党员干部带来哪些启示？

【案例背景】

1. 在杭州市临安区湍口镇，有个迎丰村。它的规模不大，总共不到300户，人口也不足千人。很难想象，现如今如此美丽的地方，在2013年，还是一个欠债100多万元的贫困村。

2. 王丰华，生前任浙江省杭州市临安区湍口镇迎丰村村委会主任。自2013年底担任村委会主任以来，5年里，他用心记录了21本近100万字的“村长笔记”。内容包罗万象、具体细致，小到村民的心愿诉求，大到村里各项建设的具体进程，细到自己的学习体会，深到自身对基层治理的实践思考，都用笔一一记录下来。王丰华同志用生命践行承诺，用行动为村民“圆梦”，直到用尽生命的最后一丝力气。他是百姓心中最忠诚、最干净、最有担当的好党员和好干部。

【主旨评析】

“让梦想瓜熟蒂落，与村民同频共振”。迎丰村有一面写满村民109个梦想的心愿墙，村主任王丰华曾许下诺言：“只要你敢说出你的梦想，我们就有动力和信心去帮你实现。”仅仅5年多的时间，王丰华带领村民不断圆梦，也将乡村振兴的希望种在每个村民的心里，从集体经济欠债100多万元到如今村容村貌焕然一新，王丰华答应大家的事情都实现了，而他却在2019年因胃癌去世。王丰华是不忘初心、牢记使命、砥砺奋斗的榜样模范，基层年轻干部要认真向他学习，恪尽职守，敬业奉献，奋力书写新时代的优异答卷。迎丰村的致富之路，是在深化改革与扩大开放的新形势下，对加强人的思想政治教育、提高人的思想文化素质，特别是坚持党员干部全心全意为人民服务宗旨、走共同富裕的社会主义新农村发展道路的有益探索。迎丰村可持续发展的经历与成绩表明，紧抓以思想政治为核心的精神文明建设，不断开拓创新，与时俱进，才会实现物质、精神文明的双“富有”。其中，思想政治教育是保证经济发展的“生命线”，为新时期农村经济建设起到了保驾护航、提供精神动力的积极作用。

【启示解析】

1. 凝聚人民力量，成为复兴征程上的追梦人。

王丰华勤勉履职，21 本字迹工整的笔记本是王丰华用心记录的近 100 万字的“村长笔记”，内容小到村民的心愿诉求，大到村里各项建设。每本笔记本上都写有“只饮迎丰一湾水，止用迎丰一张纸”，这 14 个字是一名共产党员最坚定的座右铭，见证着一名基层党员的初心，成为王丰华同志工作履历最有力的注脚。他有诺必践，展馆内的心愿墙上面收集了 109 条心愿，这些微心愿，是王丰华立下兑现承诺的“军令状”，大到村集体收入分红，小到一个垃圾桶添置等，每完成一个微心愿，他在笔记本上就勾掉一个，让梦想瓜熟蒂落，直到他溘然离世。他任劳任怨，鞠躬尽瘁，在被恶疾缠绕之际，他仍然义无反顾地坚持工作，即使是在住院卧床治疗期间，仍时刻关心迎丰村的发展。这不正是新时代迎丰村的“焦裕禄”吗？

2. 以“迎丰精神”为指引，助力乡村振兴。

王丰华同志作为迎丰村致富路上的带头人，用生命践行承诺，用行动为村民“圆梦”，直到用尽生命的最后一丝力气，是百姓心中忠诚、干净、有担当的好党员和好干部。我们要学习王丰华同志初心不改，永担使命的政治品格，保持强烈的事业心和责任感，讲担当、重实干、善作为；要学习他心系群众，有诺必践的为民情怀，始终保持一颗纯粹的心，切实做到集体利益为上，坚持原则、严以律己，清清白白做人，干干净净做事。

3. 培育梦想精神，促进人的发展。

“王丰华之所以乐当村民的圆梦人，是因为他自己就是一个有梦想的人。”迎丰村的湍口镇驻村干部陈万明说，“他经常向我说起他的‘三步走’计划：先把村庄环境建设好，再把集体经济搞上去，最后带动百姓共同致富。所以他很清楚自己的初心和使命：我为什么当村主任？为了谁？怎么干？”在“丰华”精神的带领下，让村民梦想开出花朵，让民生实事结出果实。

【问题解析】

一、选择题答案及解析

1. ABCDE　本题意在考察对于思想政治教育过程五个阶段的理解和掌握。

2. C　本题意在考察马克思主义对于发展理念的阐述，以及马克思主义中国化进程对实现人的终极发展目标的追求与强调。

3. A　本题意在考察思想政治教育的内涵所具有的二元辩证关系。

4. A　本题旨在考查学生对于思想政治教育意识形态发展特性的理解与把握。

5. ABD　科学决策是思想政治教育过程的起始阶段，是思想政治教育活动的前提，要做到科学决策，需要认真把握好三个基本方面。

二、思考题答案及解析

1.“心愿墙”在迎丰村走向富裕的道路上起到了什么作用？

“心愿墙”在迎丰村走向富裕的道路上使民心有了与政策制定方的连接路径，形成了推动迎丰村走向富裕的重要力量。案例中村民保守固执，所以村主任从扩路开始一点一点地把新的建设理念，新的发展前景通过实践渗透进村民头脑里，同时案例中计划制订了，还需根据村民的文化水平不高的特点，想办法让村民能够接收到村两委的想法，因此王丰华挨家挨户登门走访，从而有了“心愿墙”。因为村民心愿是村民们自己能够切实感知到并说出来的，而心愿的满足也让这种信息的接收更加顺畅。

2. 结合迎丰村发展致富的案例，谈谈思想政治教育活动有哪些环节？

（1）教育准备阶段。教育准备阶段的任务，一是解决“做什么”“怎么去做”，即教育决策的问题；二是合理构建教育者和受教者之间的关系。案例中，王丰华通过自己的扎根调研，采取心愿墙这种巧妙的方式，既发现了问题又调动起了村民的参与热情。同时，王丰华还帮助村民实现一个个小目标，并最终汇成终极目标，赢得了村民的信任和理解；村民也在这个过程中收获了实惠，彼此之间的尊重和信任就越发加深。

（2）信息交流阶段。从信息论的观点看，思想政治教育过程实质上是一个信息交流过程，包括教育者向受教育者主动传递信息和受教者自主选择接受信息两个方面。

（3）理论内化阶段。自主建构的过程，就是理论内化。案例中村两委的想法再好，如果没有村民的认同参与，都是空中楼阁。所以村主任通过各种方式吸引村民参与，调动村民积极性，并使村民从环境变化和收益增加中一点点地改变原来的思维方式，逐渐从不知到知，从知到信，从而实现了思想转变。

（4）外化应用阶段。案例中我们能看到为了达成目的，实现振兴计划，村主任可谓煞费苦心。因为从知到行，有时候会遇到层层障碍，要面对和解决一系列实际问题和突发状况，但王丰华丝毫不为所动，也从无怨言，而是动脑筋，想办法，通过他的付出和智慧，帮助村民最后实现从信到行，到行为习惯的养成。

（5）反馈调控阶段。比如案例中从负债 100 万元到盈利 20 万元，这是一个积极的正向反馈，以此就可以检验之前各项目标举措的正确性，进一步坚定信心，持续发力；但如果是从负债 100 万元到负债

200 万元，那只就是一个负向反馈，说明之前的举措不成功，需要重新规划改正。所以这是整个过程的试金石。

3. 王丰华的事迹为基层党员干部带来哪些启示？

王丰华，是一名普普通通的基层干部。但他时刻把百姓的点滴心愿当成自己的大事，以实干赢得民心，带动百姓一起干。王丰华用自己的行动，诠释了什么叫无私奉献。在任期间，王丰华一共记了 21 本“村长笔记”，这 21 个笔记本是王丰华 6 年村委会主任履历最有力的注脚；21 本笔记本上的承诺是一名共产党员最坚定的座右铭，见证着一名基层党员的初心。基层党员干部应该以王丰华的精神为指引，把“人民”二字镌刻在灵魂深处，在全心全意为民奉献中淬炼初心，成为百姓心中忠诚、干净、有担当的好党员和好干部，成为飘扬在基层的一面面鲜红旗帜。

案例 13

一千零一夜，用故事点亮孩子心灵*

【案例内容】

熄灯后，湖南省常德市鼎城区蔡家岗中学的学生寝室一片寂静。

微光亮起！502 寝室，班主任麻小娟坐在小板凳上，打开手电筒，给躺在床上的学生们娓娓讲述故事《慧慧的舞鞋》。这是麻老师给学生讲故事的第 1001 个夜晚。跨度 7 年，从周家店中学到蔡家岗中学，从 199 班到六（3）班。每天晚上就寝前听麻老师讲 30 分钟故事，已

* 唐湘岳，彭三英．一千零一夜——90 后乡村教师麻小娟用故事点亮孩子心灵［N］．光明日报，2021－12－28（01）．

成为师生间不变的约定。

不论是学生、家长，还是麻老师的家人，都十分支持她讲故事给学生们听。麻老师分享道："人生的价值不能用别人的目光去丈量，更不应该用金钱去衡量。小时候我就在蔡家岗学校读书，长大了我回到这里当老师，这是一个充满爱的校园。默默把爱奉献给学生的多位老师前辈，都是我的榜样。"

【问题导引】

一、选择题

1. （多选）思想政治素质的形成发展过程，是人们思想、政治、道德方面的认识、情感、行为__________的矛盾运动过程。

A. 从简单到复杂

B. 从低级到高级

C. 从量变到质变

D. 从理论到实践

2. （单选）案例中，麻老师讲故事的教育方式能够取得成效，是因为能够遵循个体思想政治素质教育引导规律，遵循规律的前提是教育者要从受教育者思想政治素质的__________出发实施教育。

A. 实际水平

B. 预期水平

C. 最低水平

D. 可能水平

二、思考题

1. 1001 个故事对学生们的成长起到了什么作用？

2. 麻小娟老师的优秀事迹给予我们哪些启示？

【案例背景】

麻小娟，女，1993 年 3 月出生，常德市鼎城区蔡家岗镇中学教师。2015 年 6 月毕业于湖南第一师范学院音乐学专业。2015 年 8 月到鼎城区周家店镇中学任教，2016 年调任至蔡家岗镇中学。现任教六年级英语和其他年级音乐，担任六年级班主任。从教以来，从春夏到秋冬，麻小娟坚持每晚走进学生宿舍，利用睡前半小时打着手电筒为孩子们讲故事。

【主旨评析】

一个故事就是一滴雨露，滋润每一株向上的小草；一个故事就是一缕微风，吹散每一个成长的烦恼。1001 个夜晚，1001 个故事，麻老师驻足乡村教育，通过学生喜闻乐见的形式进行分享，积极引导农村留守儿童塑造健全人格和良好品质，促进学生快乐健康成长。

【启示解析】

1. 思想政治教育要立足当下，培养责任担当意识。

三尺讲台上，麻小娟老师传道、授业、解惑，以文化育人；细微点滴中，麻老师为人师表，躬行实践，以德育人。她 1001 夜的陪伴，温暖着孩子们寂寞的心灵，守护着孩子们飞扬的青春。

2. 思想政治教育要与时俱进，勇于创新。

时代在进步，孩子在成长，教育的方式也要不断创新。麻小娟老师将德育与故事融合带进宿舍，渗透进课堂，开创了思想政治教育的新模式。所以，思想政治教育要大胆创新，积极找到适合教育教学的方式方法，做到事半功倍。在教育教学中，由于学生成长的差异性，教育者难免会对个别大器晚成的学生焦躁不已，从许多人成功的案例可知，有些孩子的成长很难与年龄同步，此时，教育者如果总是用统一的标准去要求他们，往往适得其反。不如在教学之外，用其他方式去激发他们的斗志，挖掘他们的潜力，耐心等待，就像麻小娟老师那样，用孩子喜闻乐见的方式将道理融入故事中，静待花开。

【问题解析】

一、选择题答案及解析

1. ABC　本题意在考察对于思想政治素质形成发展过程的把握程度。人们思想、政治、道德方面的认识、情感和行为要经历从简单到复杂、从低级到高级、从量变到质变的矛盾运动过程，故正确答案为 ABC。

2. A　本题旨在考察对于个体思想政治素质教育引导规律相关知识的掌握，遵循规律的前提是要了解认识和遵循教育对象思想政治素质的实际水平，并在这一基础上开展教育活动，故正确答案是 A。

二、思考题

1. 1001 个故事对学生们的成长起到了什么作用?

1001 个故事见证了麻老师立足乡村教育，关注学生成长的教育初心。这 1001 个精心挑选的优秀故事，像夜空中一颗颗明亮的小星星，照亮了农村留守儿童们的成长之路，让他们向着光，追逐光。在这个过程中解决思想困惑，形成健全人格，培育良好品质。麻老师将故事和德育教育融合，为学生指引成长的方向，帮助学生健康快乐的学习和生活，向阳生长。

2. 麻小娟老师的优秀事迹给予我们哪些启示?

在思想政治教育过程中，教育者作为教育的发动者、组织者和实施者，发挥着主导性的作用。为了实现教育目标，教育者首先需要了解教育对象思想水平的实际情况，并据此开展有针对性的教育活动。案例中的麻老师针对乡村留守儿童的认知水平和精神需求，通过讲故事的方式对受教育者思想道德的现实状况和日常生活中面临的现实问题进行引导，激发他们学习思想政治理论、丰富精神生活的内在需要，从而有效调动他们参与思想政治教育活动的兴趣。其次作为教育活动的主导方，教育者要善于调动起教育对象参与教育活动，形成思想转化的主观能动性，实现教育者和教育对象之间的良性互动，从而完成理论内化和行为外化，提高思想政治教育的实效性。案例中，麻老师根据不同学生的思想困惑，通过选择不同内容的故事来叙事说理，吸引并带动学生主动参与到活动中来，在娓娓道来的优秀故事的浸润影响下，解决了自身的思想困惑，化解了认知冲突，实现了教育目标。

案例 14

北川女孩成为双奥志愿者*

【案例内容】

李菊，曾在北京 2008 年奥运会期间担任北京奥组委前期驻会志愿者、赛时奥林匹克大家庭饭店交通咨询志愿者。现在，她担任中央财经大学金融学院团委书记。14 年前，李菊从四川省考入北京师范大

* 央视新闻．北川女孩成为双奥志愿者，她的故事给人温暖的力量［N/OL］.（2022－01－18）［2022－03－10］. https：//content－static. cctvnews. cctv. com/snow-book/index. html？ item_id = 16853798037699942 90.

学。刚一入学，这个有爱心的善良女孩就加入了学校的青年志愿者协会，投身各类志愿服务活动。2008 年 5 月 12 日，一场汶川大地震把她的家乡北川羌族自治县变成了一片废墟，带走了她的 15 位亲人。那时，来自全国的志愿者聚集到四川省的受灾地区，投入抗震救灾，李菊被深深感动了，中国志愿精神从那一刻起，在她的心中永不磨灭。

时间来到 2019 年 12 月 5 日，北京 2022 年冬奥会和冬残奥会赛会志愿者招募公告面向全球发布，李菊作为志愿者代表宣读倡议书并当场报名。现为中央财经大学学生处教师的她，仍在继续传递着中国志愿精神，指导学生开展志愿服务活动。

【问题导引】

一、选择题

1.（单选）__________是思想政治素质形成与发展的基础。

A. 自然环境

B. 社会实践

C. 学校教育

D. 家庭教育

2.（单选）思想政治教育的一项重要任务就是要引导人们正确解决__________和__________的矛盾，形成正确的思想认识。

A. 主观、客观

B. 物质、精神

C. 内在、外在

D. 个人、集体

3.（单选）任何类型的思想政治教育，都是在一定的社会中进行的，具有__________。

A. 时代性

B. 发展性

C. 社会制约性

D. 历时性

4. （多选）思想政治教育对社会发展的促进作用体现在__________。

A. 促进政治健康发展

B. 促进个体全面发展

C. 促进社会与经济发展

D. 促进社会文明发展

二、思考题

1. 你怎样评价李菊的志愿服务精神？

2. 如何认识实践在个体思想政治素质形成发展过程中的作用和价值？

【案例背景】

李菊，女，羌族，1986 年 9 月 18 日出生，中央财经大学教师。李菊来自北川羌族自治县，从 2005 年开始参加志愿服务，曾广泛参与支教、助残、敬老、环保卫生、交通安全宣传、义务指路等志愿服务项目。李菊积极参与各类社会志愿服务活动，奥运前期，曾作为主要学生干部参与北京师范大学奥运志愿者招募、选拔等相关工作，奥运会期间服务于北京奥林匹克大家庭饭店交通信息服务台，是奥林匹克大家庭饭店骨干志愿者团队队长。2008 年 5 月，她强忍在地震中失去母亲、外公等 15 位至亲的悲痛，积极参与抗震救灾工作，并帮扶了 40 多名灾区学生。此后，她还坚强地投入到奥运志愿服务工作中。作为赛会志愿者，在奥林匹克大家庭饭店贵宾楼交通服务台出色完成交通信息咨询员服务。被中共中央、国务院评为“北京奥运会、残奥会先进个人”。奥运会闭幕式上，她作为170万名志愿者的代表之一，走进“鸟巢”接受国际奥委会运动员委员会新当选委员的献花。她还曾荣获2008北京市十大志愿者称号。2022年，她再次投身于北京2022年冬奥会志愿服务之中。2022年5月4日，受邀参加央视《奋斗的青春——2022年五四青年节特别节目》。

【主旨评析】

作为青年学生参与社会实践的重要形式，志愿服务既是青少年成长成才的实践途径，同时也是青年人服务社会，实现自身价值的平台载体。在志愿服务过程中，个体的思想政治素质得以形成完善，对社会责任和自身使命担当的认识和理解更加清晰。志愿服务精神是在实践过程中形成、倡导、提炼，对志愿者发挥潜移默化、习惯养成、精神濡养、人格塑造的作用。就如同案例中的李菊一样，每一位志愿者都是一枚水滴，他们良好的精神面貌、崇高的价值追求和强烈的社会责任感汇聚成一股时代的洪流，打造出一个可信、可爱、可敬的中国。

【启示解析】

1. 知行合一是受教育者思想政治素质形成发展的重要标志。受教育者在个体成长过程中，在接受思想政治教育的过程中，不断获取着对于社会规则的理论认识，并在实践基础上形成了个体的思想认识、道德规范，但这只是完成了第一阶段的思想政治素质的任务。受教育者思想政治素质一个阶段性任务的达成标志，是个体从理论认知形成的思想品德内化转化为个体的外在思想政治行为，并形成行为习惯，这是从内化到外化，从知到行的发展演进过程，也是受教育者思想政治素质的提升标志。案例中的李菊，在汶川地震的自身不幸中，感受到了来自他人的善意和温暖，这些像种子一样植根在她的内心，然后她将这些内化的思想认识，外化为在积极参与志愿服务活动中的分享和奉献，在这个过程中收获了个体发展，实现了人生价值，并且以外化的实践行动推动了社会的发展进步。

2. 参与志愿服务既要积极主动，更要遵循规律。志愿服务作为青少年参与社会实践的重要形式，有着自身的特点和规律。为此，在参与志愿服务的过程中，要了解其特点，遵循其规律，这样才能促进志愿服务活动的良性运行和科学发展。要注重掌握志愿服务的连续性特点，注重其前后相继的发展规律；要注重志愿服务的针对性特点，针对不同的志愿服务目标，制定有针对性和实效性的合理规划，真正做到将志愿服务落在实处，体现实效。

3. 不断提高思想政治教育过程中实践育人的成效。思想政治教育作为一项作用于人的思想层面的教育活动，教育效果要通过受教者的外在行为表现来检验。为此，作为思想政治教育中一个必不可少的环节，实践育人就发挥着促进理论向行为转化的重要作用。志愿服务的实践育人功能的发挥是非常明显的，是完成从知到行转化的实践场域，有着单纯理论教育实现不了的重要育人价值，应积极推进志愿服务活动健康可持续的发展。

【问题解析】

一、选择题答案及解析

1. B　本题考察人的思想政治素质形成发展过程中，社会实践的基础性作用，它是人思想政治素质形成和发展的基础。

2. A　本题旨在考察学生对于思想发展规律的把握，从认识论的视角认清思想政治教育的本质特征。

3. C 思想政治教育不能脱离一定社会的历史条件，体现出明显的社会制约性，受制于社会政治、经济、文化等多方面因素的制约和影响。

4. ACD 思想政治教育的社会发展促进作用体现在促进社会政治、经济、文明发展三个方面，故正确答案是 ACD。

二、思考题答案及解析

1. 你怎样评价李菊的志愿服务精神？

作为一名“双奥”志愿者，李菊用自己的实际行动诠释了志愿服务精神，将曾经自己遭受灾难时别人给予的救助转化成为服务他人和服务社会，实现自身价值的使命担当，向世界展示了中国志愿者的时代风采。志愿精神根植心灵需“十年磨一剑”，这样才能渗透到我们生活的方方面面。尤其是现代的年轻人，高校学生，甚至是中小学生，已经把志愿服务当成了一种责任，这是一种宝贵的社会担当。这种担当是时代精神的彰显，只有大家好好努力，志愿者精神才会在今后的岁月中更好地长成参天大树。

2. 如何认识实践在个体思想政治素质形成发展过程中的作用和价值？

社会实践是人的思想政治素质形成和发展的基础。首先，个体在参与日常政治、经济、道德生活和各种社会实践活动的过程中，在个体成长过程中处理各种关系时，逐步获得对于社会规则的认知，并在此基础上通过个体的思想矛盾运动过程，形成思想品德认知。其次，个体在参与社会活动和处理各类关系的过程中，也是自身思想品德认识的外化过程，也即通过社会实践，受教育者将自身形成的思想观念、政治观点、道德准则，转化为思想政治行为。志愿活动作为思想政治教育的一种重要的社会实践方式，是彰显实践育人功能，帮助个体实现从知到行这一关键环节的有效形式。案例中的李菊，就是通过积极参与各种形式的志愿服务活动，不断实现着自身思想政治素质的形成、发展、完善，收获了成长的喜悦，同时也在服务社会中，实现了对社会发展的促进作用。

案例15

人民海军首位女舰长的霸气价值观*

【案例内容】

“博士毕业”“拒绝百万年薪”“环球洲际小姐大赛中国特区赛区十佳”，拥有这些头衔的她名叫韦慧晓。大学毕业于南京大学气象专业，23 岁成为华为金牌员工，27 岁荣获环球洲际小姐大赛十佳，28 岁赴西藏自治区支教，31 岁成为奥运会志愿者，34 岁成为中山大学地球科学博士，同年参军，40 岁成为中国第一位女驱逐舰副舰长。有人说，每个看似不合逻辑的故事背后都应该有一个合理的逻辑。她将很多选择归于自己对梦想的追求。2012 年 1 月，韦慧晓如愿穿上海军军装，戴上了“一道杠”的学员领章。海军的指挥员培养有其固定路径，有人做过估算，一名军官从院校毕业后，成长为一艘驱逐舰的舰长大约需要 15 ~ 20 年，35 岁入伍的韦慧晓没有时间按照这个节奏成长，她必须加速，必须付出比常人更多的努力。这样一个人生如此丰富的女舰长，真的给人以很多正能量的鼓舞。坚持梦想，相信自己，

---

* 佚名．豪杰！人民海军首位女舰长的价值观有多霸气［N/OL］．福建日报，2022 - 04 - 26［2022 - 05 - 20］．https：//baijiahao. baidu. com/s？ id = 1730897753959343379&wfr = spider&for = pc.

坚定前行，不断顶高自己的天花板，使自己的人生变得更有意义。

【问题导引】

一、选择题

1.（多选）思想政治素质主要包括__________。

A. 思想观念

B. 政治品质

C. 道德人格

D. 法制意识

2.（单选）从案例中的韦慧晓身上可以得知，个体思想政治素质的形成与发展，是__________三重因素相互交织、共同作用的结果。

A. 教育、环境、自我

B. 自然、社会、自我

C. 学校、家庭、社会

D. 个体、群体、社会

二、思考题

1. 从韦慧晓的案例中可以看出人的价值选择受哪些因素的影响？

2. 如何实现自我价值与社会价值的良性互动？

【案例背景】

1977年11月，韦慧晓出生于广西壮族自治区百色市，一名土生土长的壮家妹，从小在百色市长大。韦慧晓本科就读于南京大学，大学毕业后，她曾担任西藏地区地勘队志愿者、北京奥运志愿者，曾赴四川省汶川市参加义工服务。2000～2004年，韦慧晓曾就职于华为技术有限公司，任公司高级副总裁秘书、行政助理，曾获公司“金牌个人”奖，所带领的团队亦荣获“金牌团队”称号。2004 年，她以第一名的绝对优势，跨专业考入中山大学地球科学系的硕士研究生。

2005 年 8 月至 2006 年 7 月，韦慧晓申请参加中国青年志愿者扶贫接力计划研究生支教团（她是团中央、教育部组织的研究生支教团队伍中第一位在读的研究生）。在西藏自治区林芝县中学，她出色地完成授课任务。2006 年，韦慧晓到西藏地勘局区域地质调查大队当志愿者，成为该大队首个到阿里、那曲地区考察的女队员。2008 年 5 月，汶川市地震发生后，她到四川省参加统一安排的志愿服务。2008 年 8 月，成为北京奥运会志愿者。2012 年 2 月，韦慧晓从中山大学地球科学系博士毕业。2012 年 1 月，参军入伍被分配到了航母部队，参与辽宁舰接舰工作。2012 年 8 月起，韦慧晓先后在大连舰艇学院航海指挥和舰艇战术指挥两个专业学习深造，取得军事学学士学位。2014 年 3 月，央视网报道了韦慧晓成为辽宁号航空母舰航海部门副航海长的新闻。2015 年 1 月，韦慧晓作为海军首批舰艇长代表团成员访问美国，展示了中国女舰艇干部的良好形象。2015 年 4 月，韦慧晓担任长春舰实习副舰长，随后她利用 1 年零 8 个月的时间，顺利通过了副舰长独立操纵和岗位合格考核。2016 年 3 月，韦慧晓成为中国人民解放军海军首位女副舰长。2017 年，从长春舰调任郑州舰任副舰长。2017 年 9 月，因表现优异，韦慧晓被任命为郑州舰实习舰长。同年，她还当选党的十九大代表。2018 年 2 月，中国军网报道，韦慧晓为人民海军驱逐舰郑州舰实习舰长。2022 年 4 月，媒体报道，韦慧晓任中国人民解放军海军导弹驱逐舰绍兴舰舰长。

【主旨评析】

人生价值是什么，不同的人有不同的见解。不必讳言，在有些人心目中，谁有钱谁的身价就高，这是把金钱作为衡量人生价值的标准。事实上，金钱价值和人生价值是两个不同的范畴，前者反映的是商品价值，而人生价值则是对社会的作用。谁的青春不辛苦，谁的青春不迷茫？跳出自我价值、追求“小我”的实现，标定贡献国家、追求“大我”的目标，韦慧晓的“开挂人生”无疑是我们的青春榜样。

【启示解析】

1. 以中国梦为导向，树立正确的价值观。

韦慧晓曾颇为霸气地阐释过她霸气的价值观，强调要靠自己来诠释人生的价值。显然，这是一种“大我”的奋斗目标，必须将责任与担当深入骨髓、融入血液。“苟利国家生死以，岂因祸福避趋之”“位卑未敢忘忧国”……回望百年中国，这些经典名言已经成为激励几代有志青年，用锲而不舍的奋斗来锻造属于自己的青春标识和价值。

2. 将个人理想与社会需要相结合，激发精神动力。

没有开挂的人生，只有十年如一日的全力以赴。韦慧晓如愿穿上海军军装，以 34 岁“高龄”加入中国海军，入伍当天，苦苦追求多年的军旅梦终于实现，韦慧晓在日记本上郑重地写道：“此生嫁给海军”，那一刻，她的眼神坚定。正是因为有如此坚定的梦想，她才能克服太多常人难以想象和承受的艰辛，最终成为中国历史上首位女舰长。

【问题解析】

一、选择题答案及解析

1. ABCD　本题主要考察对于思想政治素质组成的四个部分的了解和掌握情况。

2. A　从案例中韦慧晓的成长经历中我们不难发现，个体思想政治素质的形成和发展既是有目的、有计划的、教育影响的结果，也离不开社会环境的影响和熏陶，以及个体的接受与转化，是这三重因素共同作用的结果。

二、思考题答案及解析

1. 从韦慧晓的案例中可以看出人的价值选择受哪些因素的影响？

通过案例中韦慧晓的成长成才过程我们可以感受到，个体的成长除了要不断增加知识储备，同时更要在思想政治素质上受到正确价值观教育的浸润、影响，最终才能实现人的全面发展，真正成长、成才。韦慧晓正是在教育、环境和自我的共同作用影响下，形成了正确的世界观、人生观和价值观，以一个炽热的报效国家的梦想与信念做支撑，真正做到不为物质利益所动，放手追逐自身的理想。

2. 如何实现自我价值与社会价值的良性互动？

人生的自我价值是指个体的人生活动对自己的生存和发展所具有的价值，主要表现为对自身物质和精神需要的满足程度。人生的社会价值是指个体的人生活动对他人和社会所具有的价值，主要表现为个体对他人社会所做的贡献。一般说来，一个人的贡献越大，他实现的社会价值就越大。

人生的自我价值和社会价值既互相区别，又密切联系，共同构成人生价值的矛盾统一体。一方面，人生自我价值的实现是个体为社会创造更大价值的前提。人的各种需要的满足都离不开个体的努力和奋斗，人为实现自我价值努力和奋斗的过程，一般也是人创造社会价值的过程。个体的人生活动不仅具有满足自我需要的价值属性，而且必然包含着满足社会需要的价值属性。另一方面，人生社会价值是实现人生自我价值的基础。

社会价值的创造过程与自我价值的实现过程是统一的。人生的自我价值必须与社会价值相结合，并通过社会价值表现出来。创造社会价值是因，实现自我价值是果，不创造社会价值，就无法实现自我价值。

我们在生活中，要努力提高自身素养，为实现中华民族的伟大复兴无私奉献，实现社会价值，这样的人生才是有意义、有价值的，才能实现最高的自我价值。

第四章

思想政治教育的目标、内容和任务

案例16

朱彦夫：慷慨是英雄*

【案例内容】

朱彦夫出生在山清水秀的沂蒙山腹地，14 岁时便参加了红军。在长津湖战役中，他所在的连队抵挡住了敌人的数次进攻，但最终只剩下他一个人幸存。当他再次醒来时却发现，战斗的硝烟带走了他的四肢，也几乎带走了他的双眼，仅仅右眼还能看到有限的光影。朱彦夫不愿拖累他人，返回家乡担任了村支部书记一职，从此致力让村民们过上好日子。朱彦夫每天带着自己的拐杖和 8.5 公斤的假肢奔走于田地和村民家中。山不产则治山造田，水不达则治水。他带领村民建起

* 共产党员网．感动中国 2021 年度人物——朱彦夫：慷慨是英雄［N/OL］.(2022－03－03)［2022－06－15］. https：//www. 12371. cn/2022/03/03/VIDE1646313121546783. shtml.

来一个又一个村民想都没想过的大工程，淳朴的山里人在他的带领下，终于走上了脱贫致富的道路。在时任济南军区政委的迟浩田同志的鼓励下，朱彦夫多次易稿，用嘴叼着笔把自己的经历写成了荡气回肠的生命之作——33 万字的《极限人生》。

【问题导引】

一、选择题

1. （多选）通过阅读案例中朱彦夫同志的事迹，总结分析思想政治教育的主要任务有__________。

A. 理想信念教育

B. 爱国主义教育

C. 民主法治教育

D. 全面发展教育

2. （多选）思想政治教育的目标作为一个有机系统，依据不同的标准，有不同的分类，其中，依据教育对象的不同，思想政治教育目标可以分成__________。

A. 社会目标

B. 个体目标

C. 长期目标

D. 群体目标

3. （多选）中国革命、建设和改革开放历史进程教育作为思想政治教育内容的一个重要方面，在开展教育过程中具体包括__________。

A. 马克思主义理论教育

B. 历史发展的主题和主线教育

C. 党取得的伟大胜利和辉煌成就教育

D. 中华民族伟大复兴的中国梦教育

二、思考题

1. 通过对案例中朱彦夫事迹的分析，试论进行中国革命传统教育的必要性有哪些？

2. 通过朱彦夫的故事，结合自身经历与认识，谈谈我们要想成就精彩人生需要哪些品格？

【案例背景】

朱彦夫作为经历过解放战争与抗美援朝战争的老兵，在战场上失去了四肢。回到家乡后克服艰难自力更生，心系人民百姓，最终带领村民走向脱贫致富的道路。后来在军队首长的鼓励之下，又克服了种种挑战，七年光阴打磨一部著作，根据回忆与思考写就了《极限人生》一书。

【主旨评析】

朱彦夫用他饱经磨难却有无比精彩的一生向我们展现了作为一个老红军的意志品质和伟大精神。在他身上展现出的是一名杰出革命者、优秀共产党员为党和人民无私奉献、执着坚守的无怨无悔。这份为国为民勇于挑战自我的坚定执着，这种不计得失、一心为公的价值选择，正是今天我们面对百年未有之大变局所迫切需要的优秀品质，同时也是在实现民族复兴的康庄大道上每个个体将个人梦和中国梦有效衔接，书写自己精彩人生的必备品格。

【启示解析】

1. 理想信念教育是思想政治教育的核心。朱彦夫每一步前行，都离不开越是艰难越向前、不达目的不罢休的意志与执着。没有执着奋斗，没有钢铁般的意志，朱彦夫不可能创造一个又一个奇迹，在任何困难和挑战面前永不言败，始终以战斗的姿态，生命不息、奋斗不止，最大限度地向人民贡献自己的潜能。

2. 爱国主义教育作为思想政治教育的一项重要任务和主要内容，在社会发展进程中发挥着提升素质，凝心聚力的重要作用。案例中的朱彦夫就是进行爱国主义教育的生动范例，从 14 岁参军负伤到用嘴叼着笔写就《极限人生》，他用自己的一生书写了属于这个民族的精神赞歌，正是有着无数个像朱彦夫一样的小我，通过自我奉献与自我挑战，成为民族的脊梁和人民的公仆，体现了伟大的爱国情怀在社会发展中的积极推动作用。在一次又一次磨炼之下，支撑朱彦夫走过来的，是全心全意为人民的宗旨、集体主义的基本原则、实事求是的思想路线，朱彦夫是真正的艰苦奋斗的革命英雄和时代楷模。

【问题解析】

一、选择题答案及解析

1. ABCD　树立正确的理想信念、涵养高尚的爱国情操、具备良好的民主法治意识、实现个人的全面发展，这四个方面是思想政治教育的主要任务。案例中的朱彦夫，正是这些思想政治教育任务实现的典范，他以自己的坚定信念、爱国热忱、明德守法和价值选择，向我们展示了作为时代楷模的示范引领作用。

2. ACD　依据教育对象的不同，思想政治教育目标可以分为社会目标、群体目标和个体目标，而长期目标是依据思想政治教育目标的时间不同进行的分类，不属于教育对象，故答案为 ACD。

3. BCD　本题主要考察对于思想政治教育内容的把握程度，思想政治教育内容包括八个主要方面，而中国革命、建设和改革开放的历史教育是其中一个主要方面，在开展教育的过程中具体包括关于历史发展主题和主线教育、党的伟大胜利和辉煌成就教育、中华民族伟大复兴的中国梦教育三个方面。

二、思考题答案及解析

1. 通过对案例中朱彦夫事迹的分析，试论进行中国革命传统教育的必要性有哪些？

朱彦夫 14 岁参加红军，从中国新民主主义革命的战火硝烟中走来，锤炼了坚定的革命意志和优秀的个人品质，这成为他的人生底色，也是他后来严重负伤后仍能发挥自身价值，带领村民致富的思想基础和人生坐标。从朱彦夫的事迹中我们可以看到，一方面，中国革命中所形成的这些优良传统对于个体价值的塑造有着不可忽视的重要作用，在和平时期仍然是促进个体发展进步的有效驱动人的全面发展的动力；另一方面，中国革命中形成的这些优良传统也是凝心聚力，推动社会发展进步的重要一环，具有不可或缺的社会价值。从个体价值和社会价值两个方面，中国革命传统教育的必要性得以充分彰显，应该毫不动摇地持续保持下去，从而发挥它的重要作用。

2. 通过朱彦夫的故事，结合自身经历与认识，谈谈我们要想成就精彩人生需要哪些品格？

（1）不畏艰难，无私奉献；

（2）坚韧不拔，意志坚定；

（3）乐观开朗，迎难而上；

（4）努力勤奋，心怀国家。

案例 17

让我来做你的眼！*

【案例内容】

小宝和姐姐是南京市盲人学校的学生，家人要锻炼姐弟俩独立上下学的能力，而每天上下学必经的一个十字路口成了姐弟俩的“挑战”。每天早上，姐弟两人搀扶着慢慢步行去上学。第一次注意到姐弟俩的交通辅警高林林在心里记下了他们出现的时间、地点，无论刮风下雨、清晨傍晚，他都会准时出现在两个孩子身旁，搀扶着他们穿过马路。自从承担南京市盲人学校外的护学岗任务以来，他一直默默帮助着这群特殊的孩子。为了表示感谢，孩子们将高林林写进了作文，并送去了锦旗。高林林又惊又喜，“能做他们的眼，我很荣幸。”他腼腆地说。

数米的路口在盲童心中犹如“天堑”，因为一双温暖的大手，目的地才不再遥远！

【问题引导】

一、选择题

1. （多选）思想政治教育内容的特征体现在＿＿＿＿＿＿。

A. 政治性

---

* 刘已粲．让我来做你的眼！这位辅警被盲童写进作文［N/OL］．光明日报，2022－01－20［2022－03－20］．https：//baijiahao. baidu. com/s？ id＝1722483166677651638&wfr＝spider&for＝pc.

B. 目的性

C. 科学性

D. 系统性

E. 时代性

2. （多选）从辅警高林林的事迹中，可以体现出理念信念教育是思想政治教育的核心，它主要体现在＿＿＿＿＿。

A. 树立正确的世界观、人生观、价值观

B. 确立中国特色社会主义共同理想

C. 要牢记社会主义核心价值观

D. 为实现中华民族伟大复兴和共产主义而奋斗

3. （多选）人的全面发展主要包括＿＿＿＿＿。

A. 思想道德素质

B. 科学文化素质

C. 心理健康素质

D. 审美艺术素质

E. 劳动技能素质

二、思考题

1. 谈谈你对视障人士等弱势群体出行挑战与相关社会治理举措的理解。

2. 辅警高林林收到锦旗又惊又喜，结合思想政治教育内容与特征，谈谈这双“温暖的大手”的作用。

【案例背景】

高林林是南京市公安局秦淮分局夫子庙警务站的一名普通辅警，他在盲人姐弟每天必经的十字路口风雨无阻地默默帮助着这对姐弟。

在我国，许多弱势群体的基本权益保护仍旧是一项严峻的治理挑战，同时也正在如火如荼地开展相关的思想政治教育工作，而本案例亦提供了相关弱势群体被保护以及被援助的生动素材。

【主旨评析】

高林林只是一名普通的辅警，当他看到小宝和姐姐这对盲人姐弟“艰难”的上学路时，就主动担当起护送姐弟的任务。他默默地记住了他们经过路口的时间，每天的清晨傍晚，他都会风雨无阻地出现在两个孩子身旁，帮助他们走过情况复杂的十字路口。一件看似举手之劳的平凡小事儿，但因为这名辅警日复一日的坚持成为了不平凡的善举，从中我们感受到了这个世界的温暖和善意。所以，通过思想政治教育，使道德素质的提升成为调节社会关系的重要手段，这是十分必要的。

【启示解析】

1. 思想道德素质的“知”。普通、平凡的辅警以身作则，对弱势群体奉献无私的大爱，这既彰显思想政治教育的内容与目标，又促进良好思想道德素质的形成与发展。思想政治教育是有目的的向教育对象施加意识形态影响，即采用思想教育的柔性手段满足人的政治化需要，实现对人的精神引导和塑造，形成教育对象共同的政治意识水平和政治觉悟程度，规约并促进人的全面发展，这是通过教育引导帮助教育对象获取教育信息的过程。

2. 思想道德素质的“信”。思想政治教育不同于一般知识教育之处在于它不仅要传授知识，还要实现思想的转变，主要关注的是阶级、政党、国家、社会对受教育者的思想政治要求以及与受教育者实际的思想政治水平之间的差距，同时它更关心的是思想的固化与行动，必须要把思想转化为受教育者内在的一种观念，在自我选择的基础上，形成每个教育受教育者自身的理想信念和价值目标。

3. 思想道德素质的“行”。从接受教育引导，完成思想转换后，最终还要形成一种习惯，在我们的日常生活中表现出来，在行动中外显出来，这才能够真正说是一项思想政治教育活动的结束，否则只是教育的一般形式。所以说思想政治教育应该从解决人的思想问题这一目的出发，立足人的思想的改变，并在实践中外化为具体行动，这是一个循序渐进的过程。

【问题解析】

一、选择题答案及解析

1. ABCDE　本题主要考察对于思想政治教育内容特征的掌握。思想政治教育主要是进行主流意识形态的主导和灌输，因此政治性是第一位的特征；同时，思想政治教育是有目的、有计划的一种教育引领活动，目的性也是它区别于其他社会环境影响的重要特质；而科学性和系统性则体现出思想政治教育的内容来源于实践，并经过实践检验，是科学系统的理论，因此具有说服教育人的力量；思想政治教育具有社会制约性，其内容要随着时代的发展不断推进在实践基础上的理论创新。为此，政治性、目的性、科学性、系统性、时代性是本题的答案。

2. ABD　帮助教育对象确立正确的理想信念是思想政治教育的重要任务，在具体完成这一任务的过程中，主要体现的是逐步引领教育对象树立正确的三观，明确中国特色社会主义的由来，并坚定这一共同理想，进而在实现中华民族伟大复兴的征程上不懈奋斗，坚定对共产主义的信心，并为实现这一最高理想踔厉奋发。故答案为 ABD。

3. ABCDE　人的全面发展是人的德智体美劳各个方面综合协调的发展，而不能是单一领域的单项发展。所以在青少年成长过程中，不能仅以科学文化素质作为衡量标准，而应关注其思想道德素质、科学文化素质、心理健康素质、审美艺术素质和劳动技能素质的全面协调发展，使其成长为一个全面发展的社会主义建设者和接班人。

二、思考题答案及解析

1. 谈谈你对视障人士等弱势群体出行挑战与相关社会治理举措的理解。

视障人士生活面临的困难来源于两个方面。首先是专为视障人士提供的社会公共设施不够完备，除了人行道上的盲道以外，许多地方仍然不允许导盲犬进入，例如，案例中提到的过马路问题，对于盲人来说就缺乏安全保障。其次是社会成员对视障人士的保护与帮扶意识不够深入，许多人在盲道上停放车辆，公民应当加强对他们的爱心与关心。

近年来，在党的领导下，各级政府多次出台关于包括视障人士等残障人士的帮扶举措，包括残疾人就业帮扶，越来越多的公共设施加入了方便残障人士的设计，在政府的宣传下，公民对残障人士的关爱与包容度与日俱增，残障人士的生活越来越好。

2. 辅警高林林收到锦旗又惊又喜，结合思想政治教育内容与特征，谈谈这双“温暖的大手”的作用。

案例中，辅警高林林“温暖的大手”体现了思想政治教育内容的政治性和目的性特征。思想政治教育内容的政治性特征体现在人们观察问题、处理问题的政治立场，以及人们在语言和行动中所坚持的政治方向。案例中的高林林对于残障人士的帮助，体现了他言行的正确遵循，代表着社会对这些特殊群体的温暖和善意，对于促进受教育者良好思想政治品德的形成和发展有着正向的带动价值；思想政治教育内容的目的性特征反映社会发展的本质要求和广大人民的根本利益。案例中的辅警高林林对这些特殊群体施以援手，正是以人民的根本利益为遵循的温暖行动，体现了思想政治教育内容的目的性特征。

案例 18

农民工的青春逐梦路*

【案例内容】

首期学员唐小华："当接过北大学士学位证书时，我的大学梦真的圆满了。"今年 35 岁的唐小华初中辍学来到东莞市打工，每天在工厂流水线上工作十几个小时，他意识到，一定要有一技之长，于是决定通过自学考试来提升自己。在随后的 3 年中，唐小华每天坚持早上 6 点多起床学习，晚上下班后继续学习到深夜。就这样，唐小华自学了高中知识，还学习了计算机、高等数学、大学英语等课程。在"圆梦计划"首期，合作高校只有北京大学，也就是在那一年，包括唐小华在内的 100 名一线工人从流水线步入中国的最高学府之一的北京大学，免费攻读网络远程教育本科课程。毕业后的唐小华成长为深圳市一家外资公司的品质经理。"圆梦计划"让基层一线务工人员改变自己的命运。

---

* 南方网．农民工的青春逐梦路：广东共有约 5.9 万名产业工人圆梦大学［N/OL］.（2017 - 08 - 16）［2022 - 03 - 10］. http：//www. cnr. cn/gd/gdkx/20170816/t20170816_523904382. shtml.

【问题导引】

一、选择题

1.（多选）思想政治教育过程的特点包括__________。

A. 目的与计划相一致

B. 连续性与间断性统一

C. 贯通性与反馈性交织

D. 针对性与有效性相通

2.（多选）思想政治教育内容的整合与优化，就是通过对思想政治教育内容各要素的加工与重组，实现__________。

A. 先进性内容与广泛性内容相结合

B. 政治性内容与生活性内容相融合

C. 民族性内容与世界性内容相关联

D. 科学性内容与人文性内容相匹配

二、思考题

1. 唐小华作为“圆梦计划”的首期学员，同时是一名农民工，他通过自己的努力取得了北京大学的入学资格，他的这些经历给了你什么触动？

2.“圆梦计划”为那些因某些原因而无法上大学的农民工提供了入学机会，为广东的部分农民工人提供了继续提高自己的机会。谈谈你对“圆梦计划”的认识。

【案例背景】

广东有数千万农民工，其中大多是新生代产业工人，他们从全国各地的农村来到广东打拼。在他们之中，许多人曾因家庭、工作等原因，失去了上大学的机会。为助力广东省经济高质量发展，着力提升新生代产业工人的学历和技能，广东省委联合省财政厅、省人力资源和社会保障厅、省教育厅、省科技厅共同实施“圆梦计划——广东省新生代产业工人骨干培养发展工程”。

【主旨评析】

“圆梦计划”为广东省的部分农民工提供了深造的机会，有利于促进广东省当地广大农民工群体实现高素质转化，有助于解决一系列的社会问题。以唐小华为代表的“圆梦计划”的学员，获得了进入名校深造的机会，通过自己的努力最后改变了自己的命运，实现了他们所追逐的梦想。在新时代追求“中国梦”的大背景下，只要勇于追梦，每一个努力的中国人都有机会实现自己的小我梦想。

【启示解析】

1. 实践育人是思想政治教育的重要途径。衡量一个人是否实现了梦想，没有一成不变的标准。从马克思主义思想政治教育的出发点与目标来看，人的价值的实现不仅限于传统意义上的知识学习，还包括躬身实践，反之亦然。一个人的价值的全面实现与梦想达成，还要遵循每个人不同的特点，家庭、社区、社会乃至国家都要给予制度上、资源上、意愿上的支援。“圆梦计划”将教育与生产劳动相结合，彰显了党和国家教育方针的要求，同时满足更多人能拥有进修学历的机会，进而实现整个社会人才素质的提高。实践是提高本领的途径，而青年的素质和本领直接影响着实现中国梦的进程，因此，各级各类学校都要认真贯彻好教育方针，将接受高等教育的机会开放给更多的社会人员，势必鼓舞和激励更多的青年追梦人努力奋斗、勇敢追梦。

2.“圆梦计划”体现了隐性思想政治教育的优势，具体方案也具有创新性。此项活动能够激发新生代产业工人的学习热情，提升产业工人素质。将先进性与广泛性、显性与隐性相结合，“圆梦计划”充分体现了我国社会主义制度的优越性，能够促进受教育者良好思想政治品德的形成和发展。而通过“圆梦计划”培养一批热心公益事业、有理想、有追求、有责任感的优秀工人代表，他们将会积极回馈社会，坚定为社会主义现代化事业奋斗的决心和信念。

【问题解析】

一、选择题答案及解析

1. BCD　思想政治教育过程体现出总体的连续性，但各个阶段又有着相对的独立性，因此是间断性与连续性的统一；思想政治教育的教育目的要贯穿整个教育过程的始终，体现出教育目标的贯通性，但围绕总体教育目标的达成和实现，需要不断根据反馈信息进行调整校正，体现出贯通与反馈的统一；思想政治教育是有目的、有计划的教育活动，因此教育过程更有针对性，针对性的教育活动就会提高教育的有效性，二者相互融通。因此本题的答案就是BCD。

2. ABCD　思想政治教育内容的整合和优化，需要考虑先进性和广泛性的有机结合，将政治性融入生活性，同时要考虑民族性与世界性的关联，实现科学精神与人文价值的渗透融合。因此ABCD是正确答案。

二、思考题答案及解析

1. 唐小华作为“圆梦计划”的首期学员，同时是一名农民工，他通过自己的努力取得了北京大学的入学资格，他的这些经历给了你什么触动?

思想政治教育能够促进社会发展，激发人的精神动力。唐小华身为农民工不仅怀揣着上大学的愿望，而且敢想敢为，始终一往无前、拼搏奋进，最终圆梦，究其根本是因为他始终有奋发向上的精神动力，这个动力给予了他一往无前的力量，而唐小华在学习成才后，也能够为社会做出更大的贡献，这也体现了思想政治教育推动社会发展的重要作用。

2.“圆梦计划”为那些因某些原因而无法上大学的农民工提供了入学机会，为广东省的部分农民工人提供了继续提高自己的机会。谈谈你对“圆梦计划”的认识。

“圆梦计划”带给许多由于某些现实原因不能在合适的年龄读书或还想圆梦名校的人们一个很好的机会，打破了求知的壁垒，实现高等教育的社会开放，也体现了大学的底蕴、气度和时代的包容性。通过“圆梦计划”实现了一部分人的梦想，同时也促进了良好社会风气的形成，通过“圆梦计划”走向梦想的人们也为全社会的人们上了一堂思政课，是真正地体现了“有梦想的人都是了不起的”。

案例 19

科学报国的郭永怀*

【案例内容】

郭永怀（1909 年 4 月 4 日 ~ 1968 年 12 月 5 日）是“两弹一星”元勋中唯一在核弹、导弹、人造地球卫星三个领域都作出重要贡献的

* 董大伟. 郭永怀：把生命献给我国核事业［N］. 学习时报，2021 - 06 - 09（07）.

科学家。

郭永怀海外研学十六载，异域扬名时却毅然放弃优越条件，冲破美国政府的重重阻挠，如愿返回祖国的怀抱。他扎根大漠五春秋，隐姓埋名却又无怨无悔、风餐露宿而不轻言放弃，为我国“两弹一星”事业立下了汗马功劳。他科技报国守一生，在遭罹空难的生死关头，仍不忘将国家核机密文件死死抱在怀中。文件完好无损，他却永远地离开了我们……

【问题导引】

一、选择题

1. （多选）“科学报国”的郭永怀这一案例体现了爱国主义教育，是思想政治教育的主要任务和重点内容，它具体体现在__________。

A. 弘扬和培育民族精神

B. 增进民族团结

C. 培养爱国报国情怀

D. 培养改革创新精神

2. （多选）思想政治教育在构建中华民族共有精神家园过程中发挥着重要作用，具体表现为__________。

A. 丰富精神生活

B. 引领价值取向

C. 加强文化交流

D. 促进经济发展

二、思考题

1. 郭永怀身为康奈尔大学航空工程学院的创始人和终身教授，发表过众多国际知名的学术论文，虽然月薪高达 800 美金，但他仍心系祖国，不断为回国做准备，这种精神与情怀给了你怎样的触动？

2. 结合思想政治教育的内容，谈谈郭永怀科学报国的一生给青年人怎样的启示？

【案例背景】

1937 年，全面抗战爆发，郭永怀被迫回到家乡，在现在的威海二中执教。那时学校里有一个用炮弹皮做成的响钟，这块炮弹皮是甲午战败后留下来的，看着这块承载着国耻民辱的炮弹皮，郭永怀的心里受到了深深的震撼。当目睹了日军飞机轰炸下满目疮痍的家园，他痛感中国航空工业的落后，并下定决心一定要学习航空工程技术，不让祖国因落后而再受凌辱，这份科学报国的初心，伴随了郭永怀一生。

【主旨评析】

科学的发展进步事关一个国家的前途命运，而科学家无疑是一个国家科技能力的关键。无数的科技工作者为了祖国的繁荣富强贡献着自己的青春和力量。科技发展进步的道路上凝聚着数代科学家的智慧，洒满了他们的汗水，众多科学家都是怀揣报国热情，放弃海外的优越条件学成回国，因此，爱国精神就是科技强国建设道路上的核心和灵魂。以此为指引，案例中的郭永怀无私忘我，为了中国的发展进步奉献了自己的一切，直至生命最后一刻。新时代的科技工作者拥有了比中华人民共和国成立之初更优越的工作条件和研究平台，更应时刻从时代和人民的需要出发，在推动国家科技发展中实现自身研究的意义和价值。

【启示解析】

社会主义精神文明建设包括思想道德建设和教育科学文化建设，

其中思想道德建设是要解决整个民族的精神支柱和精神动力问题，教育科学文化建设是要解决整个民族的科学文化素质问题。“永怀精神”兼具思想道德建设和教育科学文化建设的双重效能，对坚持以马克思主义为指导思想、培育民族精神和时代精神等具有重要现实意义。

科学教育领域孕育的精神族谱内容丰富多元，“永怀精神”是滋养这一领域工作者生生不息和攻坚克难的宝贵精神财富、坚实精神支柱和不竭精神力量的典型之一。“永怀精神”集中展现了我国科技教育工作者忠诚履责、尽心尽责、勇于担当的崇高品质和精神风貌，团结凝聚新时代广大知识分子和科技工作者立足岗位，胸怀祖国，在世界“卡脖子”技术领域鏖战搏击，永志不忘先辈们为之流血牺牲的宏大憧憬和美好愿望，不负党和人民以及时代的重托，以精神性引领为不可逆转的社会主义现代化事业注入新动力。

【主题解析】

一、选择题答案及解析

1. ACD　本题主要考察对于思想政治教育任务的理解和掌握。思想政治教育任务包括四个方面，其中爱国主义教育是重要内容，它具体体现为民族精神的培育和弘扬，涵养爱国情怀和报国热忱，在时代发展进步中与时代同频，培育改革创新的时代精神。因此 ACD 是正确答案。

2. AB　在精神家园的构建中，思想政治教育发挥着不可替代的重要作用，具体表现为通过思想政治教育引导受教育者关注精神世界的需要和追求，构建精神家园，丰富人们的精神生活，充实人们的内心世界，提高人们在精神上的归属感和安全感。以价值取向为支撑，构建牢固的精神家园。

二、思考题答案及解析

1. 郭永怀身为康奈尔大学航空工程学院的创始人和终身教授，发表过众多国际知名的学术论文，虽然月薪高达800美金，但他仍心系祖国，不断为回国做准备，这种精神与情怀给了你怎样的触动？

“科学没有国界，但科学家有祖国”，郭永怀在名利面前不忘血脉根基，面对回国困难始终心向东方，对国家的一片赤诚令人感动，这是属于中国人的生生不息。郭永怀同志的崇高精神就在这里！广大青年应该夯实理论素养，学好专业知识，同时做到不忘本，心系国家，为中华大地贡献自己的青春力量。

2. 结合思想政治教育的内容，谈谈郭永怀科学报国的一生，给青年人怎样的启示？

郭永怀科学报国的一生是今天广大青年学生应该学习的楷模，在自身成长成才的道路上，一方面，要潜心向学，学到真本领，不断提升自己的科学文化素质，为实现中华民族的伟大复兴提供科技和文化支撑；另一方面，还要不断提升自己的思想道德素质，以爱国精神和时代精神武装自己，以案例中的郭永怀为榜样，不断涵养爱国报国情怀，矢志不渝践行“强国有我”的铿锵誓言，在两个一百年交汇的时间节点，在实现中国式现代化的大路上，承担起青年人的使命和担当，与祖国同向同行，在助力国家富强、人民幸福的伟业中，最终实现自己的人生理想和价值追求。

第五章

思想政治教育者和教育对象

案例20

让教育之光照亮贫困山区*

【案例内容】

张桂梅，云南省丽江华坪女子高级中学党支部书记、校长；华坪县儿童福利院院长。华坪女子高中，是一所因抵抗贫困而生的学校。1996年，张桂梅的丈夫去世后，她便从大理市调到华坪县教书。大山里的贫困超出了她的想象，面对傈僳族、彝族、纳西族的学生，张桂梅意识到：提高山区母亲们的教育水平，将至少改变三代人！2002年她开始筹建免费女子高中，"规模化"地帮助山里的女孩们，改变她们贫困的命运。张桂梅说，"女高不是普通学校，是贫困家庭未来的希望。"

---

* 徐元峰. 让教育之光照亮贫困山区［N］. 人民日报，2021-02-22（10）.

女高成立前，华坪县中考升学率还不到 50%，2020 年达到 90% 以上，全县高考升学率多年在丽江市保持第一；以前农村女孩早婚早育的较多，现在读高中的越来越多。扎根边疆山区教育四十余载，张桂梅用教育之光阻断贫困代际传递，照亮了无数人的心。

2021 年，“燃灯校长”张桂梅被写进《中华人民共和国简史》。

【问题导引】

一、选择题

1.（多选）通过张桂梅的案例我们可以看出，教育者在思想政治教育过程中处于主体地位，具体表现为教育者是__________。

A. 教育活动的发动者

B. 教育活动的参与者

C. 教育活动的组织者

D. 教育活动的实施者

2.（多选）思想政治教育的两个基本要素是__________。

A. 教育者

B. 教育对象

C. 教育环境

D. 教育载体

3.（多选）通过案例可知，思想政治教育者作为具有主体地位的存在，其在思想政治教育中的功能具体体现为__________。

A. 教育活动的组织功能

B. 思想理论传导功能

C. 思想释疑解惑功能

D. 德行培育提升功能

4.（多选）在思想政治教育过程中，教育者与教育对象的关系是________。

A. 民主平等

B. 主导主动

C. 双向互动

D. 相互转化

二、思考题

1. 在张桂梅女士筹办学校的过程中，体现出思想政治教育者怎样的地位与作用?

2. 结合案例，谈一下为什么青少年是思想政治教育的重点对象?

【案例背景】

涤荡于历史长河中，我们很荣幸能有这样一位“无意苦争春、不惧碾作尘”的瘦弱身躯，驻扎深山四十余载，四处奔波筹集资金，创办全国第一所全免费女子高中。每天清晨第一个到教学楼为学生点亮每一盏灯，预支自己的丧葬费资助学生，狂风暴雨中仍拖着患病的身躯坚持送考，累计帮助 2000 余名山区女孩圆梦大学。2021 年 10 月 21 日，张桂梅女士怒放的生命所留下的感人事迹，被写进《中华人民共和国简史》，永恒地留存在了千千万万人民的心里，刻印在中华民族伟大复兴之路的征途中。

【主旨评析】

我国现阶段教育资源地区差异显著，落后教育观念与现代化建设道路相悖，乡村教育任重而道远。只有教育者敢于承担相应社会责任、将国家利益置于个人利益之上，才能为教育强国之路注入源源不断的动力。紧抓精神文明建设，不断开拓创新，与时俱进，才会实现物质与精神双富有。

【启示解析】

每一位教师都担任着重要角色，起着关键作用。张桂梅的事迹被写入《中华人民共和国简史》，这一幕是有象征意义的，从历史观的角度看，也有着深刻的意指：意味着一位中学校长，正式地进入了一个国家、一个民族的共同记忆。张桂梅女士凭借一己之力，打破了农村陈旧的教育观念，身体力行地给广大思想政治教育者树立了鲜明榜样。超越血缘的爱，指向离别的爱，为之计划深远的爱，这份爱使一个个山区贫困女孩有幸成为受教育者，在张桂梅女士的无私资助下考取大学，走出大山、实现梦想的过程。她用亲身实践，诠释共产党员的信仰，坚守入党誓言，树立了共产党员的旗帜。

【问题解析】

一、选择题答案及解析

1. ACD　本题旨在考察对于思想政治的两个基本要素，即教育者和教育对象的理解和掌握。教育者作为教育活动的发动、组织、实施者，在思想政治教育过程中居于主体地位，发挥着主导作用，因此正确答案是 ACD。

2. AB　思想政治教育是以人的活动为主要对象的教育实践，因此，人是最基本要素。在思想政治教育活动中的人主要包括教育者和教育对象，因此答案是 AB。

3. ABCD　案例中，张桂梅发起农村女子中学的过程，就是其作为教育活动的主导者，组织教育活动，进行思想引导，不断解疑释惑，促进德行提升的真实写照，这是一个教育者在教育活动中功能的主要体现，因此答案ABCD都是正确的。

4. ABCD　思想政治教育过程中教育者与教育对象的对位作用不同，二者之间要在平等对话的基础上，建立民主和谐的教育关系，发挥教育者的主导作用，激发教育对象的主动参与，相互作用和影响，并在一定条件下实现相互之间的转化，因此答案是ABCD。

二、思考题答案及解析

1. 在张桂梅女士筹办学校的过程中，体现出思想政治教育者怎样的地位与作用？

思想政治教育者在思想政治教育中居主体地位。思想政治教育者是思想政治教育活动的组织者和发动实施者。案例中，张桂梅顶着巨大压力，克服了主观客观的种种困难和问题，以一个改变农村女孩命运就是改变全家命运的朴素理念，矢志不渝地推动农村基础教育的发展，她不仅在遭受各种白眼甚至辱骂中坚持筹建学校，同时身体力行地开展教育，提升学生综合素质和能力，殚精竭虑，无私忘我，她坚信要让最底层的百姓看到希望；要让他们的孩子和所有孩子一样，享受教育的公平，享受到党和政府的阳光与温暖；学校就是要培养能回报社会、真正具有共产主义理想、能把自己从社会上得到的帮助再传递下去的学生。张桂梅作为一名教育者，以自己的思想、人格、情感、行为和学识起到先锋引领作用。

2. 结合案例，谈一下为什么青少年是思想政治教育的重点对象？

案例中，张桂梅在从事教育的过程中意识到：提高山区母亲们的教育水平，将至少改变三代人！青少年作为教育的重点对象，因为他们是国家和民族的希望，是具有很强可塑性的群体，通过教育活动的开展，可以帮助青少年成长为社会发展的主要推动力量，成长为可担大任的时代青年，在改写自身命运的同时，也成长为社会主义现代化事业的合格建设者和可靠接班人。

案例 21

《新时代的中国青年》白皮书发布*

【案例内容】

《新时代的中国青年》白皮书分别以四大标题为章节展开论述，即新时代中国青年生逢盛世、共享机遇；新时代中国青年素质过硬、全面发展；新时代中国青年勇挑重担、堪当大任；新时代中国青年胸怀世界、展现担当。

回首百年，无论风云变幻、沧海桑田，中国青年爱党、爱国、爱人民的赤诚追求始终未改，坚定不移听党话、跟党走的忠贞初心始终未变。在新民主主义革命时期，中国青年不怕牺牲，为争取民族独立抛洒热血；在社会主义革命和建设时期，中国青年甘于奉献，经受了苦与乐的考验；在改革开放和社会主义现代化建设新时期，中国青年勇立潮头，为推动中国大踏步赶上时代拼搏奋进。

【问题导引】

一、选择题

1.（单选）思想政治教育对象在思想政治教育过程中居于________地位。

A. 客体

* 新华社．国务院新闻办公室发布《新时代的中国青年》白皮书［N/OL］.（2022－04－21）［2022－05－10］. http：//www.gov.cn/xinwen/2022－04/21/content_5686429.htm.

B. 主体

C. 环体

D. 载体

2.（多选）思想政治教育对象的客体地位体现在________。

A. 教育实施活动不可或缺的要素

B. 教育实施活动的接受者

C. 教育实施活动的组织者

D. 教育实施活动的出发点和落脚点

3.（多选）思想政治教育对象在思想政治教育中的作用是________。

A. 组织教学活动

B. 参与教育活动

C. 反馈教育过程

D. 体现教育效果

4.（多选）正确认识和对待教育对象的原则是________。

A. 以人为本

B. 实事求是

C. 尊重关爱

D. 客观公正

二、思考题

1. 中国特色社会主义进入新时代，硝烟战火年代已离我们远去，青少年的思想塑造方式及途径与教育内容都有所不同。请结合案例分析正确认识和对待教育对象的方式有哪些?

2. 结合案例分析，如何通过思想政治教育更好地发挥青年人在社会发展中的重要作用?

【案例背景】

2021 年 7 月 1 日，习近平总书记在庆祝中国共产党成立 100 周年大会上深情寄语：“新时代的中国青年要以实现中华民族伟大复兴为己任，增强做中国人的志气、骨气、底气，不负时代，不负韶华，不负党和人民的殷切期望！”

国务院新闻办公室于 2022 年 4 月 21 日专门就青年群体发布名为《新时代的中国青年》的白皮书。这是我国首次专门就青年群体发布白皮书。白皮书全面介绍了新时代党和政府为青年发展创造的良好条件、取得的巨大成就，充分展现了新时代中国青年奋进新征程、建功新时代的青春担当，是一部记录新时代中国青年发展事业成果、反映新时代中国青年精神风貌的重要文献。

【主旨评析】

五四运动以后，中国青年就成为推动社会发展进步的重要力量。作为社会群体中最有朝气，最有活力的组成部分，青年强则国家强，青年是推动国家富强，社会进步的动力和基础，是实现中华民族伟大复兴道路上的重要推动力量。通过形式多样的理论和实践教育活动，培养好、塑造好青年的思想认识和道德认知，使其与国家发展社会进步同向同行，建设好、发挥好青年群体的作用，对于建设有中国特色的社会主义现代化国家意义重大。

【启示解析】

中国梦的内核，由一代代华夏儿女汗水浇筑而成。回首百年，风云变幻、沧海桑田，中国青年爱党、爱国、爱人民的赤诚追求始终未改，坚定不移听党话、跟党走的忠贞初心始终未变。新时代中国青年获得了更优越的发展机遇，拥有了更出彩的人生舞台。刚健自信、胸怀天下、担当有为，衷心拥护党的领导，奋力走在时代前列，才是青年的人生坐标。

思想政治教育对象具有能动性与可塑性的鲜明特点。历史清晰而深刻地昭示，没有中国共产党就没有朝气蓬勃的中国青年运动，矢志不渝跟党走是中国青年百年奋斗的最宝贵经验，深深融入血脉的红色基因是中国青年百年奋斗的最宝贵财富。

【参考答案】

一、选择题答案及解析

1. A　思想政治教育活动开展过程中，教育者和教育对象是两个基本要素，其中，教育者在教育活动中处于主体地位，教育对象处于客体地位。

2. ABD　作为思想政治教育的客体，教育对象虽然是思想政治教育活动的接受者，但在整个教育活动中是不可或缺的重要因素，其反馈着思想政治教育的实际效果，是教育活动的出发点和目的地。所以，答案是 ABD。

3. BCD　教育对象作为思想政治教育活动的重要一环，在教育过程中发挥着重要作用。首先，教育对象主动或被动地参与着教育活动的全过程，并通过自身思想政治素质的实际状况反馈着教育活动过程的实际情况，从而体现出思想政治教育是否具有实效性。因此，BCD 是正确答案。

4. ACD　案例中，《新时代的中国青年》的发布，可以看出青年群体在社会发展中的重要作用，为了更好地帮助青少年成长成才，在思想政治教育过程中，要以立德树人为核心，以人为本，尊重关爱青少年的身心健康，平等公正地认识和对待教育对象，因此 ACD 是正确答案。

二、思考题答案及解析

1. 中国特色社会主义进入新时代，硝烟战火年代已离我们远去，青少年的思想塑造方式及途径与教育内容都有所不同。请结合案例分析正确认识和对待教育对象的方式有哪些？

国务院新闻办公室于 2022 年 4 月 21 日专门就青年群体发布名为《新时代的中国青年》的白皮书。这是我国首次专门就青年群体发布白皮书。从中可见党和国家对于青年群体的关注和重视。欣逢盛世，今天的青年群体面对前所未有的发展平台和良好机遇，正应乘势而上，勇立时代潮头。为此，在对青少年开展思想政治教育的过程中，需要采取正确的方式方法，为今天青少年群体的成长成才提供帮助和支持。一是要通过深入调查，正确认知当代青少年的身心发展特点和规律，在了解的基础上真正理解教育对象的所思所想，从而有的放矢地开展教育工作；二是要顺应青少年的个性特点，运用恰当的方法和技巧，有效开展思想沟通和交流；三是积极主动地与教育对象建立密切交往关系，通过及时的关心和帮助，提高其信任度，提高教育者自身在教育对象中的威信和形象，从而消除交往障碍，建立和谐教育关系。

2. 结合案例分析，如何通过思想政治教育更好地发挥青年人在社会发展中的重要作用？

要通过开展思想政治教育活动，引领青年自觉把思想和行动统一到党和国家的各项决策部署上来，引导广大青年树立主动担当意识，以高度的使命感、责任感和旺盛的学习工作热情，在各项工作中立标杆、树旗帜。

要树立开放观念，尊重科技、尊重知识，充分发挥青年人的作用。要鼓励青年发奋学习，练就助推高质量发展的新本领，积极主动在各项活动中修品行、长才干、壮筋骨。

要密切团结青年，帮助青年成长，支持青年发展。思想政治教育者要主动肩负起立德树人的光荣职责，培养广大青年树立强国有我的使命担当精神。要充分发挥青年群体中的先锋模范，发挥典型示范作用，带动更多青年将个人成长与社会发展紧密结合起来，引导青年建功立业。

面对新时代、新形势、新任务，广大青年要以广阔的胸怀博采众长，以开放的姿态迎接挑战，自加压力、扬长避短，为建设中国特色社会主义现代化，实现中华民族的伟大复兴贡献青春力量。

案例22

“草鞋书记”周永开：永远扎根于人民*

【案例内容】

中华人民共和国成立前，他冒着生命危险在川北地区开展党的地下工作；中华人民共和国成立后，他全心全意为百姓造福，恪尽职守，推动地方发展，是群众心中的“草鞋书记”；离休后，他带领群众植树造林，建成国家级自然保护区，又被父老乡亲切地称为“周老革命”。他就是两袖清风，拒绝搞待遇，至今仍住着50余平方米老屋的周永开。

---

* 谢佼.“草鞋书记”周永开：永远扎根于人民［N］. 光明日报，2021－07－21（11）.

“是大巴山的人民成就了我。我要为人民服务到底!”“七一勋章”获得者、93 岁的周永开坚定地说：“党和人民的事业高于一切。”

【问题导引】

一、选择题

1. （单选）思想政治教育过程是教育者和受教育者的__________过程。

A. 教育

B. 互动

C. 接受

D. 学习

2. （多选）思想政治教育过程是教育者根据一定的社会思想品德要求和受教育者思想品德形成发展的规律，对受教育者进行__________、__________、__________的引导。

A. 有目的

B. 有计划

C. 有规律

D. 有组织

二、思考题

1. 在周老的一生中，他是如何言传身教，发挥思想政治教育者主导性和示范性作用的？

2. 一生清贫、不慕名利，是周老先生的人生坐标。这一伟大感人事迹给予当代青年怎样的启迪？

【案例背景】

周永开为四川省巴中市人，于1945年8月加入了中国共产党，曾担任四川省原达县地委副书记、纪委书记。1928年出生的周永开同志早年间家境十分贫寒、命运多舛，但是他却始终未曾在工作与生活方面放弃斗争精神，出生于农民家中的他不仅克服了自身条件的种种不足，并且还闯出了一番属于自己的实干事业。

桑榆未晚霞满天，70多年来，无论是身在地下党组织，还是扎根基层，周永开都甘于奉献，舍己为人，他用自身的行动，诠释了作为一名共产党员的至纯初心与坚定信念，让世人钦佩。他带领村民修建通村公路，20年义务植树造林千余亩，七旬上山护林换得青山重回；鼓励山民发展中药材种植，帮助村民脱贫致富；奖励品学兼优的学生，帮助孩子们走出大山。

2021年，中国共产党热烈庆祝建党一百周年并举行了“七一勋章”颁授仪式。期间，周永开获习近平总书记亲自颁授勋章。在周老先生一辈子的工作中，他曾经荣获多个重要的荣誉称号，如“全国优秀共产党员”“全国离退休干部先进个人”“全国道德模范”等。

【主旨评析】

冒着生命危险，开展党的工作。草鞋彰显信仰，口碑铭记功勋。巴山人民成就周老，周老也将热血洒向蜀地。十余年捐资助学、扶贫济困；一生严格自律，淡泊名利。流逝的是岁月，不变的是信仰。周老先生始终保持共产党人清正廉洁的政治本色，给全体人民上了一堂用生命翩跹起舞的思想政治教育课。

【启示解析】

此处需要厘清的一个重点问题就是，思想政治教育不仅仅指代传统的课堂上的教学活动，立德树人的根本要求不只要落实到学生群体，更是需要思想政治教育者，即思政课教师能够起到身先士卒的示范作用。矢志不渝追求“一生都要做合格的共产党员”的周永开老先生身体力行，为广大党员干部做出了光辉表率。让革命精神生根发芽、开花结果，是周老先生的终身夙愿。正所谓古语有云，“其身正，不令而行”，教学相长的真谛也在于此，思政课老师正确的三观对学生们的品行和认知都将产生巨大的影响。正所谓最好的教育便是教师自身的行动与信仰，这一特征在思想政治教育过程中更是表现得淋漓尽致，应当说是思政课教师的必备素养。思政工作的政策制定者与一线教育者作为教学理念的实施一方，不仅要现在人先，更要行在人前。周永开老先生生动诠释了理想信念的魅力。在栉风沐雨的服务党和人民事业高质量发展过程中，建功立业升华人生。党员干部应以周永开老先生为榜样，扎根人民、一心为了人民，唯此，才不会有完不成的任务，赢不了的挑战。

【问题解析】

一、选择题答案及解析

1. B　教学者和受教育者都是思政课教学过程当中最不可或缺的二元互动主体，无论是缺少哪一方的积极参与，思想政治教育工作都无法达到既定效果。所以思想政治教育过程是教育者和受教育者之间辩证、二元的互动过程。

2. ABD　思想政治教育是一个有目的、有计划、有组织的教育活动，教师群体根据一定的教学要求，按照学生思想品德发展的客观规律制订具体的教学方案，展开面向学生的有目的、有计划、有组织的引导式教学，并以最终促使学生学会进行辩证式思维，提高自身政治素养为最终教学目标。

二、思考题答案及解析

1. 在周老的一生中，他是如何言传身教，发挥思想政治教育者主导性和示范性作用的？

（1）周老在任期间全心全意为百姓造福，用实际行动担当人民群众的父母官，体现了其以实际行动对人民群众进行思想政治教育的先导性、引领性的重大作用。

（2）周老退休后仍然坚持为人民服务，为国家贡献，有着非常强的大局观与先进的生态保护观念；周老真正将“学高为师、身正为范”落到了实处，无论是在工作中，还是在生活中，都能够做到清正勤俭、平易近人，对教育对象提供了榜样示范作用。

2. 一生清贫、不慕名利，是周老先生的人生坐标。这一伟大感人事迹给予当代青年怎样的启迪？

周老一生奉行为祖国和人民奉献终身，是一个优秀的共产党员，他的品德高尚、视野开阔、扎实肯干，为全国人民树立起来思想政治教育的标杆，是我们应该认真学习的榜样。青年人肩负着为第二个百年目标奋斗的重大历史使命，将会成为民族的栋梁和家国的希望，如果青年能够接受更好的思想政治教育，将会更有力地助推党和人民的事业发展，更能够助力中国式现代化的发展，思想政治教育的重要目标，就是提升青年人的认识，以家国发展为己任，有着克服艰难困苦的决心，迎风飞扬，彰显自身的青春力量。

案例23

最美大学生“丁慧”*

【案例内容】

2018 年 7 月的一天，在辽宁省的锦州南站站台上，一位背着书包的女孩一边呼喊着一位晕倒的老人一边按压其胸腔做心肺复苏，每做一组还一手捏住老人鼻子，一手捏开老人嘴巴，做人工呼吸。4 组过后，老人醒过来了，随后被急救车拉走。女孩拒绝了家属递过来的感谢费后，登上了下一趟回家的列车。她甚至都没有留下自己的电话和名字，只告诉家属：“叫我丁丁吧。”这位女孩就是丁慧，救人时她还仅仅是锦州医科大学医疗学院一名大二的学生。

【问题导引】

一、选择题

1. （多选）人的思想品德一般被视为由__________等心理要素构成的系统。

A. 知

B. 情

C. 意

D. 信

---

* 央视网．生死时刻，女大学生跪地救人！网友点赞［N/OL］.（2018 – 08 – 28）［2022 – 03 – 10］. http：//society. people. com. cn/n1/2018/0723/c1008 – 30164474. html.

2.（单选）现代思想政治教育，特别注重发挥__________的主体能动性。

A. 学校

B. 家庭

C. 教育者

D. 受教育者

二、思考题

1. 年轻的在校女大学生丁慧在关键时刻利用所学知识挽救了生命垂危的老人，在那一刻只有生命至上。同为大学生的你是如何看待她这一做法的？

2. 第一时间挺身而出，在人群中临危不乱，既是人间大爱的精神，也淋漓尽致地体现了丁慧扎实的专业功底，这为你带来了怎样的启示？

【案例背景】

2018 年 7 月的某一天，一位年过八旬的老人在辽宁省锦州市南火车站的站台上突然倒地不起。锦州医科大学学生丁慧此时正巧在站台内等车，听到车站的求助广播后，她立即冲到倒地老人的身边，双膝跪在地上为老人实施心肺复苏。从在场群众拍摄的视频中可以看到，一个身着黄色上衣、蓝色牛仔裤的女孩跪在地上为一位昏厥的老人实施人工呼吸，围观的人群不时发出阵阵赞叹声。老人恢复意识后，女孩一直陪护老人直至 120 急救人员到现场后才离开。因为对老人实施了急救而没能按时赶上回家火车的丁慧同学，没有接受老人家属的物质酬谢，并对他们笑一笑说道："这是学医的人应该做的。"

在了解到整件事情的来龙去脉之后，锦州医科大学医疗学院决定授予丁慧"优秀共青团员"及"最美医疗人"的荣誉称号，号召全院师生向她学习。次年9月，丁慧同学再一次荣获第七届全国道德模范提名奖。

【主旨评析】

一个好人带动一群好人，一束光照亮了整座城。道德建设是思想政治教育的代名词，道德榜样让主旋律更响亮、正能量更强劲。中国共产党立志高远，为的是中华民族千秋万代的伟大复兴事业，为此，我们必须培养一代代新青年，而且必须教育青年们，如何追随伟大的中国共产党的领导和维护我国的社会主义制度，并最终立德树人、成才有志，并能够为中国特色社会主义事业而终生奋斗。在这个关乎家国民族千年大计的问题上，必须做到不改弦更张、不人云亦云，毫不含糊地把青年一代的思想政治教育工作做好、做细、做扎实。

【启示解析】

1. 青少年的思想塑造是一个长期又曲折的过程。近年来，大学生群体涌现出了各类优秀典型，这些最美大学生像五颜六色的光，照亮了家国事业发展的各个维度，有些人英勇地在抗疫前线守卫健康与生命，有些人则成为逆行者在无情水火面前救援群众，有些人在浩瀚太空探索人类的终极飞天梦想，更有些人在平凡的某一刻做出了不平凡的举动。这些年轻人身上有着新时代中国的满满朝气，坚韧不拔、自信独立、兼容并蓄。如果一个国家年轻人都能如此，则这个国家的未来一定是无限光明的。每一代人都有其自身的荆棘与挑战，如何走好新时代的长征路，需要新时代的思想政治工作教育者能够在工作的过程中推陈出新、守正创新，要遵循受教育者身心发展规律，充分发挥思想理论传导和德行培育提升功能，最终能够汇总资源与人力并转化为青年大学生有效的、自觉的、建构的行为，最终促进学生将正确的认知与价值观有效地“外化于行”，即积极的道德、伦理、价值观的实践。

2. 坚持政治方向的正确性关乎道路、关乎旗帜，从宏观上的现代化建设事业，到中观层面的社会发展，最后到微观层面的个人成才。“天下者，我们的天下；国家者，我们的国家；社会者，我们的社会”。中国如果不觉醒、反思与行动，又舍我其谁呢？百年前毛泽东在《湘江评论》中的发问，至今仍然振聋发聩。这是一个时代年轻人的豪迈宣言，也是无数年轻人生动追求的真实写照。丁慧是践行社会主义核心价值观的佼佼者，而在我们身边，并不乏此类的生动典型，正是他们的行动与意识，代表着一代人的三观和行动风格，书写了历史。在这一过程中，丁慧的教育角色得到了转化，由教育对象变成了教育者，这也是唯物辩证法矛盾双方相互依赖，一定条件下相互转化的原理体现。不论是角色转化关系还是互补转化关系，思想政治教育者与教育对象应当在相互作用的过程中，优势互补，提高自身思想政治素质，使自身更加适应现代化发展，提高科学化水平。

3. 思想政治教育为培育和践行社会主义核心价值观提供方法和载体保证，引导社会成员形成共同的价值追求、共同的价值理念。丁慧感人又崇高的事迹，诠释了高校思想政治教育的具体目标。我国的思想政治教育既囊括了新时代国家对教师群体的要求，也包括了对于学生群体的要求，体现了国家对青年一代的殷切期盼，也为我国人民思想政治品德的发展指明了方向，在整个国家和社会的思想政治教育过程中起着主导作用，并从长远上激励着师生的积极作为。广大青年都应当从丁慧救人的案例中学习到不忘初心的品质，牢记自身的青春使命，并将之转化为不竭的奋斗力量，争做时代有担当、有作为的青年，忠诚履行爱国承诺，以踔厉昂扬、本色担当、干净自律的姿态，勇做时代先锋。

【问题解析】

一、选择题答案及解析

1. ABCD　一般认为，知、情、意、信等心理要素构成的系统被称为人的思想品德。这一系统的一个首要特征为学生受到外界环境的影响，另一特征为教师在有计划、有目的前提下，传递思想政治教育知识与价值，并鼓励学生通过自主学习探求真知、躬身践行。

2. D　现当代的思想政治教育，其首要特征是注重发挥受教育者的主体能动性。在接受思想政治教育的过程当中，如果受教育者无法积极地参与，而且无法主观能动地学习理解、无法最终形成接受教育者自身的思想政治理论体系，就不能完成由内而外的思想品德知识体系的构建与形成，更遑论达成思想政治素质的内在主动性提升。

二、思考题答案及解析

1. 年轻的在校女大学生丁慧在关键时刻利用所学知识挽救了生命垂危的老人，在那一刻只有生命至上。同为大学生的你是如何看待她的这一做法的？

根据马克思历史唯物主义与辩证唯物主义的方法与观点，人类改造客观存在，其功效和成果要通过客观存在的对象的变化来测量、感知与体现，正因如此，才最终达成了通过改变客观对象来检验实践状况的目的。思想政治教育践行的效果，不能单纯依靠教师、教育方法、教育手段、教育内容等过程要素来体现、测量和检验，而是要通过针对教育对象的意识、观点、思想乃至行为的变化来观察其受教育所得，并最终加以衡量。在本案例当中，大学生丁慧在千钧一发的关键时刻，以自身切实的行动体现出了思想政治教育的良好效果，是一次成功的思想政治教育效果的体现。

2. 第一时间挺身而出，在人群中临危不乱，既是人间大爱的精神，也淋漓尽致地体现了丁慧扎实的专业功底。这为你带来了怎样的启示?

我们既要有高尚的道德情操，也要有过硬的专业本领。

(1) 思想政治教育影响学生的主观观点。从一个人主观意义上的思路想法，到其道德伦理，最终到理想信念，即我们所称的三观（世界观、人生观、价值观），在一个人的综合政治素养当中处于核心地位。

(2) 思想观念的浸润培养道德人格。道德人格主要指一个人个体人格的伦理性、社会性与道德性，往往体现为一个人内在的思想政治素养和外在的具体伦理行为的有机统一，具体体现为品质、影响力与具体的形象。

案例24

我有一个梦想*

【案例内容】

1963 年 8 月，马丁·路德·金组织了美国历史上影响深远的“自由进军”运动，率领 25 万人在林肯纪念堂前发表了著名演说——我有一个梦想，该演说发出了反对种族歧视、争取平等的正义呼声。

演讲一开始，马丁·路德·金就以形象生动的语言阐述了此次集会的起因和目的。他从 100 年前林肯签署《解放黑人奴隶宣言》讲

* 佚名. 伟大的黑人英雄演说家——马丁·路德·金 [Z/OL]. (2020 - 11 - 22) [2022 - 01 - 10]. https: //3g. 163. com/dy/article/FS1OFV4D0534ll5l. html? spss = adap_pc.

起，自然而然地过渡到黑人的生活现状，并表明了黑人民权运动的目标——斗争一定要彻底。马丁·路德·金连用6个“我梦想有一天”掀起了全场的高潮，以诗一般的语言和酣畅淋漓的排比句，正面表达了对自由和平等的渴望，抒发了他作为一个黑人内心最热烈的梦想。他说：“我梦想有一天，这个国家将会奋起，实现其立国信条的真谛，即‘我们认为这些真理不言而喻：人人生而平等。’我梦想有一天，在佐治亚州的红色山岗上，昔日奴隶的儿子能够同昔日奴隶主的儿子同席而坐，亲如手足。我梦想有一天，甚至连密西西比州——一个非正义和压迫的热浪逼人的荒漠之州，也会改造成为自由和公正的青青绿洲。我梦想有一天，我的4个小女儿将生活在一个不是以皮肤的颜色，而是以品格的优劣作为评判标准的国家里。我今天怀有一个梦，我梦想有一天，亚拉巴马州会有所改变——尽管该州的州长仍在滔滔不绝地要对联邦法令提出异议，并拒绝执行——在那里，黑人儿童能够和白人儿童兄弟姐妹般地携手并行。我今天怀有一个梦，我梦想有一天，深谷弥合、高山夷平，歧路化坦途、曲径成通衢，上帝的光华再现，普天下生灵共谒。”马丁·路德·金的这次演讲获得了巨大的成功，震撼了千万人的心，鼓舞了无数黑人同胞的斗志和争取平等权利的勇气，在整个国际社会上引起了巨大的反响。

【问题导引】

一、选择题

1.（单选）马丁·路德·金的事例体现了思想政治教育者的__________特点。

A. 主导性

B. 示范性

C. 创造性

D. 协调性

2.（多选）通过黑人争取自由权利，能够发现思想政治教育对象的__________特点。

A. 受控性

B. 能动性

C. 可塑性

D. 示范性

二、思考题

通过阅读案例，试分析如何推进思想政治教育话语创新发展？

【案例背景】

马丁·路德·金（1929～1968 年），美国黑人律师，著名黑人民权运动领袖。同时，他还是一位出色的演说家，被誉为“黑人之音”。美国《展示》杂志将马丁·路德·金列为近百年世界最具说服力的演说家之一。《我有一个梦想》的演讲发表于 1963 年 8 月 28 日。该演讲发表后，美国总统约翰逊迫于各方压力，于 1964 年签署了《民权法》。同年，马丁·路德·金获得诺贝尔和平奖。

【主旨评析】

马丁·路德·金一生致力于追求通过非暴力方式实现种族平等与黑人自由。他在不断追求梦想、实现目标的过程中，也唤醒了无数黑人对自由权利的渴望。人的一生为了伟大的事业而努力，不仅可以带来自身的价值，也可以影响世人的追求。从他的精神中我们可以学到，尽管一个人的出身、种族、肤色等可能会使其不能拥有其他人所享有的权利，但他可以通过不懈的奋斗和努力去追求所有这些缺失的权利。就如同他所说的：“我有一个梦想。”

【启示解析】

1. 思政课教师队伍在整个思想政治教育过程当中都凸显出其重要的主体地位，他们不仅是思政课教育活动的发起者、组织者，更是奋战在前沿一线的实施者，具备相当程度的主导性与示范性。与此同时，思政课教师队伍的创造性又是新时代的全新要求。思政课教师必须能够大胆开拓创新，并积极付诸实践，在思政课教育进程中起到十分重要的且不可替代的作用。教师应坚持一切为了教育学生的职业操守和价值理念，同时还应该跨学科将多种元素融入。

2. 思政课教师要根据一定阶级、政党的要求对学生施以思想政治教育，增强受众学生的思想政治素质和道德品行素养，注重发挥“四个功能”，即活动组织功能、理论传导功能、释疑解惑功能、培育提升功能。掌握学生思想动态，加强学生情感沟通，增进与学生的紧密关系。善于换位思考，能做到善解人意，这样有助于全面客观地认识教育对象，并更能增进与教育对象的感情，完成思想政治教育工作。

3. 桃李不言，下自成蹊。人的思想素质与道德品质并非一成不变，而是可以通过接受思想政治教育而发生改变并得到提升。增进思政课教师与学生紧密而有效地关系，既是思政课教育的有效途径，也是思政课教育的有效举措，使学生在提高思想政治素质过程中展现出自身潜能与价值。青少年具有思想开放活跃、自信进取、求新求变的心理特征与独立意识较强的优势，因此更需要思想政治教育者在受教育者的“拔节孕穗期”细心引导与精心培育。

【问题解析】

一、单选题答案及解析

1. A　思想政治教育者在思想政治教育过程中既体现主导性，也体现引领性。其主导性和引领性决定了教育者在思想政治教育过程中的主体地位。

2. ABC　本题主要考察对于思想政治教育对象特点的理解和掌握，思想政治教育对象在思想政治教育活动中处于客体地位，这决定了其从属和配合的特点，即有受控性，但在这个过程中，教育对象是具有思想情感的个体，不是被动机械的接受教育信息，而是选择和创造的接收，具有主观能动性，教育活动得以开展的前提是源于思想政治教育对象思想并非一成不变，而是具有可塑性。综上所述，ABC 是正确答案。

二、思考题答案及解析

通过阅读案例，试分析如何推进思想政治教育话语创新发展？

思想政治教育话语创新发展是一个继承传统、面向未来，着眼理论、关照现实、立足中国、放眼世界的开放性过程。思想政治教育话语体系的创新发展应扎根中国大地，在葆有思想政治教育话语发展底色的前提下，不断推进实践基础上的话语创新，用中国理论和中国话语解读中国实践，用符合受众接受心理的话语内容和话语方式牢牢掌握话语主动权。

马克思主义大众化一直是我们党对待马克思主义的态度。党的十八大以来，习近平总书记在其系列讲话中，以个性鲜明的语言风格令人耳目一新，为今天的思想政治教育话语发展起到示范和表率作用，也为思想政治教育话语的大众化发展指明了方向。在学习习近平总书记讲话过程中，我们可以深刻感受到鲜明的“习式”风格，即贴近实际、贴近生活、贴近群众，民族化、通俗化、形象化的语言风格，清新质朴，内涵深刻。他用人民群众熟悉的语言、喜爱的方式进行着平易近人的沟通，将宏大高远的施政理念化为“接地气”的表达方式，在平实中蕴含着智慧和力量。许多金句如“我们都是追梦人”“绿水青山就是金山银山”“撸起袖子加油干”等都在人民群众的日常生活流行语中口口相传，从而实现了党的路线方针政策与人民群众日常生活的自然融合，并受到广大人民群众的喜爱和热议。语言的力量是伟大的，新时代的思想政治教育要想实现教育目的，就需要转变话语表达方式，改变生硬的说教和呆板的叙述，善于运用生活化的话语方式和大众化的话语表达来增强话语的针对性和亲和力①。在不失权威性和庄重性的同时，思想政治教育话语的叙述方式应该尽量贴近大众、贴近生活，利用浅显易懂、直观形象的话语方式来增强思想政治教育话语的时代感和感召力。

不断变化的社会实践向思想政治教育话语提出了理论创新和实践创新任务，也为思想政治教育话语创新发展提供了条件。当今世界正处于世界多极化、经济全球化、文化多元化、社会信息化的时代，意识形态的开放性、多样性、重叠性、交融性等特点越来越明显。面对复杂的外界形势，能否在顺应世界发展的过程中，既融通中外又扎根现实，既博采众长又特色鲜明，构建和形成中国特色社会主义的“叙事框架”、概念体系及语言形式，关系到我国国际话语权的强弱，关系到讲好中国故事、传播好中国声音，关系到全国人民为实现中华民族伟大复兴的中国梦而奋斗的精神力量的凝聚。因此，思想政治教育

① 闫薇．筑牢思想政治教育话语根基的三个维度［J］．吉林师范大学学报（人文社会科学版），2021（6）：98－100.

话语的发展，要顺应国内国际环境发展变化，立足新的时代方位，以习近平新时代中国特色社会主义思想为指导，用贯穿其中的马克思主义立场、观点、方法，敏锐捕捉中国人民的实践活动、思维活动和语言活动，立足本来，放眼未来，有序推进具有中国特色的思想政治教育话语体系的发展完善，形成扎根中国大地的具有科学性和实效性、感染力和生命力的思想政治教育话语表达。

第六章

思想政治教育的原则和方法

案例25

音乐之声*

【案例内容】

《音乐之声》这部影片以音乐剧的形式塑造了年轻的家庭女教师玛利亚和7个单亲孩子的鲜活人物形象。该影片讲述了一个生动活泼又充满理解与爱心的真实感人的故事。年轻的家庭女教师玛利亚通过优美动听的音乐使特拉普上校的孩子们，重新充满了活力和欢乐，她用心地去了解7个个性不同的孩子，爱护他们、教导他们，用心地去爱他们。玛利亚用自己开朗的人生观去影响孩子，而非用死板的说教去管束孩子。当孩子们情绪低落时，玛利亚引导他们多想想开心的事

---

* 豆瓣网．音乐之声的影评［Z/OL］.（2021－04－11）［2022－04－20］. https：//movie.douban. com/subject/1294408/reviews? start＝40.

物，并用歌唱的方式将其表达出来，用最简单的心理疏导方式，教育孩子们学会自我管理情绪，很快孩子们就在她的带领下，得到了童年应有的快乐。玛利亚还带着孩子们去郊游、去划船、去爬树，并一路高声歌唱，使孩子们摆脱了母亲过世后，特拉普上校军事化教育造成的沉闷家庭生活，孩子们的变化和玛利亚的生活热情，也渐渐感染了特拉普上校，使他最终走出了丧妻的阴影，重新拥抱感情、拥抱生活。

影片在最后时分主题升华，面对德国法西斯的强权威胁，特拉普一家毫不妥协，坚决拒绝向纳粹低头，最终在众人的帮忙下，翻山越岭奔向自由。

【问题导引】

一、选择题

1. （多选）思想政治教育的基本方法有＿＿＿＿＿。

A. 理论教育方法

B. 实践教育方法

C. 批评与自我批评方法

D. 比较教育法

2. （单选）思想政治教育要坚持以人为本原则，体现出一切为了人民群众、一切依靠人民群众，促进人的＿＿＿＿＿，满足人民群众的需要。

A. 自由发展

B. 单项发展

C. 个性发展

D. 全面发展

二、思考题

1. 为什么玛丽亚能够与其他看护不同，能获得孩子们的喜爱？

2. 玛丽亚为孩子们带来了音乐，音乐同时也为大家带来了勇气与乐观向上的精神，它们发挥了怎样的作用？

【案例背景】

《音乐之声》是由罗伯特·怀斯执导，朱莉·安德鲁斯、克里斯托弗·普卢默主演的音乐片，该片于1965年3月29日在英国上映。

影片讲述了修女玛丽亚到特拉普上校家当家庭教师，并用自己的人格魅力和上校的7个孩子打成一片，上校逐渐在玛丽亚的感染下改善了对孩子们的态度，并与玛丽亚增进了感情的故事。

这部音乐片荣获了第38届奥斯卡金像奖最佳影片、最佳导演等五个奖项。

【主旨评析】

《音乐之声》来自生活高于生活，它以乐抒情，以乐动人，到处充满阳光气息与温馨浪漫。它把抽象的音符、大自然的美景和人文景观完美结合，体现出人与自然和谐融洽、相互衬托的关系，鼓励人们乐观向上、追求纯洁完美、争取自由和享受生活，消除邪恶杂念、到达真善美的理想境界。

【启示解析】

1. 信任是沟通的基础。作为教师，首先应得到学生们的信任，有了信任，才会得到孩子们的尊重，也才能让孩子们更好地理解你的教育思想。剧中玛利亚尽管没有接受过正规的专业教育，但是她能够通过自己的言行让孩子们信任自己。从玛利亚第一次和 7 个个性鲜明的孩子见面开始，就体现出了她独特的教育态度，应对孩子们的恶作剧，既没有当面指责，也没有在家长面前揭穿，而是去深入了解孩子们恶作剧背后的原因。通过对这些事情的巧妙处理，让孩子们自然地把她当作一位慈祥而且容易亲近的朋友、长辈看待。这里体现出教育机智的重要，启示我们：作为一名教师，取得孩子们的信任是十分重要的。

2. 家校沟通是做好教育的重要环节。作为教师，在与家长的沟通交流方面要讲究方法和技巧。影片中，玛利亚并没有一味地听取家长要求严格管理孩子们的意见，而是根据孩子们的个性特点，委婉地纠正家长的做法，透过自己的行动赢得孩子和家长的喜爱与尊重。每一位家长都望子成龙、望女成凤，作为教师应该让孩子们在学校里快乐地度过每一天，发现并鼓励孩子们做他们想做的并且有益于成长的事情，通过孩子们的成长、发展和变化，感化家长，从而获得他们的认可和信任。

3. 行之有效的教育方式和方法，是达到教育目的的必要举措。剧中 7 个孩子由于长期的军事化管理，自由、童心、个性，甚至梦想都被压抑和禁锢。玛利亚组织孩子们融入大自然，启迪他们的心灵，引导他们寻找自己的理想，特别是在郊外草地上教唱歌曲时边舞边唱的游戏场景，为我们呈现了游戏教学的最好范例，启发我们在教育过程中可以更好地挖掘孩子们的潜能，提高他们自主学习的潜力，从而激发学习兴趣。

4. 作为教师应充满爱心、耐心和童心，进一步挖掘自己的潜能。教育者只有真正达到一专多能，用自己的行动、学识和品格引领学生，分析了解学生的内心世界，才能真正提高学生各方面的素质。该部音乐影片启发人们，在孩子接受教育过程中，要坚持将传授教育与自我感悟有机结合，尤其不能忽视自我感悟的重要性。只有这样，我们的教育才能收到实实在在的效果，只重视传授教育，而忽略自我感悟，其教育的效果并不理想，甚至会失去效果。

【问题解析】

一、选择题答案及解析

1. ABC　本题考查的是思想政治教育的基本方法，即在思想政治教育过程中起主导作用，且具有不可替代性的方法。题目中的 ABC 选项是思想政治教育的基本方法，而 D 选项是思想政治教育的具体方法，不是基本方法。

2. D　思想政治教育必须遵循以人为本原则，即一切为了和依靠人民群众，并要尊重、理解、关心他们，也就是说，要把不断满足人的需要、促进人的全面发展作为出发点和落脚点。

二、思考题答案及解析

1. 为什么玛丽亚能够与其他看护不同，能获得孩子们的喜爱？

我们必须认识到，在思想政治教育过程中，务必结合孩子的实际情况，增强教育的针对性，这是施以教育的前提和保障，只有坚持教育的针对性，才能取得教育的实效性。教育对象的思想行为是思想政治教育的出发点，增强思想政治教育的针对性就是使教育的目标、内容、方法、载体等方面都符合教育对象思想行为的实际，都突出教育对象思想行为的特点。玛利亚尽管没有接受过正规的专业教育，但她用自己的方式将音乐和温暖带给了孩子们，她通过自己的言行让孩子们信任自己。从玛利亚第一次和 7 个个性鲜明的孩子见面开始，就体现出了她独特的教育态度，应对孩子们的恶作剧，既没有当面指责，也没有在家长面前揭穿，而是去深入了解孩子们恶作剧背后的原因。

2. 玛丽亚为孩子们带来了音乐，音乐同时也为大家带来了勇气与精神，它们发挥了怎样的作用？

美育是新时代培养德智体美劳全面发展的社会主义建设者和接班人的重要着力点，在“立德树人”方面发挥着不可替代的重要作用。由此可见，美育既是德育的体现形式，也是德育的外化形式。学生自身展现出的行为美、语言美、心灵美，以及展示出的欣赏美、创造美，都是德育的应有之义。因此，我们必须高度重视学校美育对德育的促进作用。剧中的7个孩子由于长期接受军事化管理，自由、童心、个性，甚至梦想都被压抑和禁锢。玛利亚带领他们走向大自然，特别是在郊外草地上教唱歌曲时边舞边唱的游戏场景，开启了他们的心灵，放飞了理想。美育无处不在，学之可行。我们必须转变思维观念，改善教育方式，强化美育实践，一定能够培养出更多更好的心地善良、思想端正、品德高尚、能力全面的新时代社会主义新人。

案例26

凌晨五点排队，只为选政治课*

【案例内容】

思政课在很多人眼里是“枯燥”“乏味”的代名词。西南林业大学的思政课是必修课程之一，但学生能够自主选择任课教师。大二学生李静回忆当时选课的场景，“我们学校教授这门课的老师都很优秀，选哪位老师任课很不容易。经过反复对比，我最后选择了一个老师，

---

* 中国新闻网．大学生凌晨5点排队只为选政治课，教师“魅力”大［N/OL］.（2020－11－01）［2022－03－20］. https：//www.chinanews.com.cn/edu/2010/11－01/2624462.shtml.

为了能够报上名，我凌晨5点就起床去排队了。”

为了激发学生参与思政课的热情与兴趣，调动学生在思政课上的积极性与主动性，学校推出“七式教学法”，即专题式、启发式、参与式、探究式、问题式、辩论式、演讲式教学方法，全力把思政课打造成学生踊跃参加、教师认真传授的精品课程。

【问题导引】

一、选择题

1.（多选）思政课教学法，就是思政课教师和学生在思政课教学过程中力求达到教育目的所运用的__________。

A. 思想方法

B. 工作方法

C. 认识方法

D. 讲授方法

2.（多选）在选择思政课教育方法的过程中，必须坚持__________的原则。

A. 针对性

B. 综合性

C. 广泛性

D. 创造性

二、思考题

1. 西南林业大学思政课为什么这么火爆，其成功的原因是什么？

2. 西南林业大学采取了怎样的教学方法取得了成功？

【案例背景】

在实施培根铸魂思想政治教育工程的探寻与践行过程中，西南林业大学因势利导、因时而进，让思想政治教育更灵活、亲近、细腻，构筑“红”为底色、“绿”为特色的思想政治教育体系，春风化雨、润物无声地做好培根铸魂工程。

【主旨评析】

凌晨5点去排队，就为了报名上思想政治理论课。一向与“乏味”“枯燥”“无趣”挂钩的高校思想政治理论课，为什么在西南林业大学成了学生热捧的课程？其秘诀就在于用心做好思政课。

西南林业大学根据教育目的和内容，采取多种教学方法，通过创新教学方式、引入学习实践等手段，扎实推进教与学相结合，激发了学生的学习兴趣，调动了学生的思辨能力。

紧密结合国家大政方针和新时代中国特色社会主义理论，将时政要闻和社会热点融入课堂，通过开展问答、交流等互动形式，使“无趣”的思政课变得新颖、生动、有趣，从而使思政课逐渐成为学生们喜欢而且受益的课程。

【启示解析】

1. 做好思想政治教育要坚持以人为本原则，注重惠及每个受教育学生。结合不同受教育对象，采取有针对性的教学方法，引导和帮助学生提高分析问题的能力和解决实际问题的能力。尤其是要结合不同的问题和受教育对象，在教学环节、讲授重点、传授方法等方面做出有针对性地选择，扎实增强思想政治教育的实际效果。西南林业大学思政课火爆的原因之一就是他们在确定教育目标和任务，以及选择教育内容和方法时，能够依据时代特征和社会发展，从学生的思想需求实际和关注的兴趣点出发，有的放矢地进行课程设计，充分调动了学生的主观能动性，进而产生思想认同和情感共鸣。

2. 思想政治教育要遵循科学性与思想性统一的原则。遵循科学性就是要使指导思想、理论基础、教育内容、教学方法协调一致，用科学思想、科学知识和科学精神武装人们的头脑，把马克思列宁、毛泽东思想的主义立场、观点、方法渗透到思想政治教育中，引导学生树立正确的价值取向，铸就坚毅的灵魂根基，修炼端正的品德修为，进而树立起正确的世界观、人生观、价值观。遵循思想性必须以科学性为前提，正确的思想性离不开科学的指导；同时科学性也要以思想性为基础，没有思想性的科学性就无法体现出其价值。所以说，思想政治教育只有坚持科学性和思想性相统一，才能达成思想政治教育目标。

3. 注重运用感染教育的方法，通过一定的环境营造，实现感染熏陶，使其在潜移默化中接受教育。思想政治教育要十分重视受教育者主观能动性的调动，通过更加灵活、生动、乐见、易懂的方式方法，促使思想政治教育者对于教育内容产生较浓厚的兴趣，进而达到内化于心、外化于行的良好效果。

【问题解析】

一、选择题答案及解析

1. AB　本题主要是考查思想政治教育方法的内涵，明晰为了实现思想政治教育目标所运用的思想方法和工作方法。

2. ABD　推进思想政治教育，要针对受教育者的思想问题及问题产生的根源，结合思想政治教育实际内容、推进步骤、目标要求等，采用具有较强针对性、灵活性、创新性和实效性的教育手段。

二、思考题答案及解析

1. 西南林业大学思政课为什么这么火爆，其成功的原因是什么？

思政课教学效果和最终教育成果，在较大程度上是通过思政教师来完成的。作为思想政治教育的引导者，思政课教师要在对教育对象有充分了解的基础上，围绕课程内容，有针对性地在教学方法、内容整合、流程设计、效果反馈等方面进行精心编撰和打造。西南林业大学的思政课之所以火爆，就是因为思政课的教师们上课从不照着书本讲授枯燥的理论知识，而多采用谈话形式来调动大家的参与性。除了采用多种多样的教学方式调动学生的积极性外，还将一些时政热点事件引入课堂，展开相关理论知识的学习和讨论。

2. 西南林业大学采取了怎样的教学方法取得了成功？

为了激发学生的学习热情和兴趣，调动学生参与教学活动的积极性和主动性，努力把思想政治理论课建设成为学生真正喜爱、终身受益的优质课程，西南林业大学的思政课教师们尝试运用了专题式、启发式、参与式、探究式、问题式、辩论式、演讲式等许多行之有效的教学方法，并取得了成功。

案例27

用一年不长的时间，做一件终身难忘的事情*

【案例内容】

在清华大学2019年本科生毕业典礼上，站在台上的个子小小的、

---

* 叶雨婷. 清华学生代表张薇：用一年不长的时间，做一件终生难忘的事情［N/OL］.（2019－07－07）［2022－03－20］. https：//baijiahao. baidu. com/s？ id＝1638369638352306272&wfr＝spider&for＝pc.

声音轻轻的女生叫张薇，她是清华大学工业工程系毕业生。代表毕业生讲话的她，温柔的语气中，字字句句都带着坚持。她来自甘肃省镇原县——一个黄土高原上的国家级贫困县，经过高中3年的拼搏，她来到了清华园，在过去4年里，张薇曾前往甘肃省、云南省、陕西省、内蒙古自治区等多个省区，开展了8次公益实践。在毕业典礼上她说："我也始终记得曾经想为教育事业贡献力量的懵懂初心。清华培养我们成为'肩负使命、追求卓越的人'，父母希望我不忘'饮水思源'，朋友们希望我做自己真正想做的事，而我想用一年不长的时间，做一件终生难忘的事情！"

【问题导引】

一、选择题

1. （单选）材料中，张薇通过学习和实践，树立了正确的世界观、人生观和价值观，这属于__________。

A. 理想信念教育

B. 爱国主义教育

C. 民主法治教育

D. 全面发展教育

2. （多选）案例体现了__________的思想政治教育原则。

A. 导向性

B. 群众性

C. 理论联系实际

D. 知行统一

二、思考题

1. 张薇致力于从事志愿活动，加入支教团，"用一年不长的时间，做一件终生难忘的事”，体现出了她怎样的价值追求？

2. 案例中的张薇作为志愿者，坚持 8 年的公益实践，同样身为大学生的你们该如何向她学习，实现自己的价值？

【案例背景】

在清华，像张薇这样的大学生还有很多，他们在毕业之际，选择追随自己的梦想，加入中国青年志愿者扶贫接力计划研究生支教团，去做一件终生难忘而有意义的事。自共青团中央、教育部 1998 年实施研究生支教团以来，已累计选派 194 所高校的 20500 名大学生赴中西部 20 个省的 600 余所中小学支教。第 21 届研究生支教团 2200 名志愿者于 2019 年 9 月中下旬赴中西部开始为期一年的支教生活。其中，清华大学 22 名志愿者将分赴西藏自治区拉萨市、青海省西宁市、云南省大理市、陕西省延安市、湖南省湘西市 5 地支教。

【主旨评析】

拿破仑曾说过：“人生如河流，我从不怕逆水行舟。”张薇作为一名从甘肃省国家级贫困县走出来的大学生，她深知贫困地区教育资源匮乏。为此，她选择在本科期间 8 次参加志愿支教，更是在推研成功之后，选择推迟入学 1 年，跟随清华大学研究生支教团进行支教活动。张薇的这些行为充分体现了她希望改变贫困地区教育现状的决心。这个小姑娘用她的身体力行告诉我们，对于自己真正想做的事情，就要勇敢去做。以张薇为代表的这些青年志愿者们选择积极参与支教，实现自己的人生价值。对于这些青年志愿者来说，他们的举动不仅实现了各自的目标与价值，也为贫困地区带来了光明和希望。

当你觉得自己开始懈怠，迷茫无措的时候，不如静下心来，想想自己喜欢或者是感兴趣的事情，制订一个计划，并且坚持下来。很多人说不愿意做一个平凡的人，经常会幻想着能够变得不平凡。殊不知，只要做一件你觉得有意义的事情，并且坚持做下去，认识到自己人生的方向，并朝着这个方向努力，再平凡的事情，也会因为你的付出而变得不平凡。

【启示解析】

1. 毛泽东同志在《实践论》中说过，“知和行具体的历史的统一。”知是人们的知识水准和思维观念，行是人们的具体行为。知和行的统一，就是通过思想政治教育，使受教育者在提升认知水平的基础上，依次指导自身的实践行为，进而达到接受教育的目的，这便实现了知与行的统一性。案例中的张薇就做到了知行统一，把理论教育和实践锻炼有机结合，成为了表里一致、言行一致的人，实现了自身价值。

2. 思想政治教育是教授知识和引导行为的“思”与“辩”的过程，帮助人们运用正确的立场、观点和方法去分析和解决问题。就像毛泽东同志曾在《整顿党的作风》中说过的：“对于马克思主义的理论，要能够精通它、应用它，精通的目的全在于应用。如果你能应用马克思列宁主义的观点，说明一个两个实际问题，那就要受到称赞，就算有了几分成绩。被你说明的东西越多，越普遍，越深刻，你的成绩就越大。”所以说，加强思想政治理论学习，树立起正确的世界观、人生观、价值观，并以此引领人们的具体行为，为解决诸多问题奠定坚实可靠的思想基础。

3. 人们既要展现自身价值，更要创造价值。思想政治教育的宗旨就是培育受教育者形成积极向上、奋发有为的思想观念，为社会发展创造价值。人们在体现价值和创造价值过程中，必须要在社会实践当中去完成，并在社会实践中增强感悟力、辨析力和创造力，从而进一步提高人们认识事物和改造世界的能力。

【问题解析】

一、选择题答案及解析

1. A　筑牢理想信念，是思想政治教育的核心，也是人们世界观、人生观、价值观在推进中国特色社会主义现代化建设、实现人生目标追求上的集中展现。

2. CD　本题主要是考查对于思想政治教育原则的理解和运用。选项 AB 是思想政治教育的特征，不是原则。

二、思考题答案及解析

1. 张薇致力于从事志愿活动，加入支教团，“用一年不长的时间，做一件终生难忘的事”，体现出了她怎样的价值追求？

案例中，张薇作为一名从贫困山区考到清华大学的学生，她乐观积极、勇于追梦，在志愿服务中履行时代赋予青年的责任与担当，并在这个过程中收获了成长与温暖。在一次次支教志愿活动中，她用知识与爱心为孩子们的梦想插上翅膀，用莹莹微光照亮孩子们的天空，在奉献中展现了最靓丽的青春，用自己的实际行动砥砺坚强品格，找到了在实践中彰显人生价值的正确方式，持续绽放着青春之花。

2. 案例中的张薇作为志愿者，坚持 8 年的公益实践，同样身为大学生的你们该如何向她学习，实现自己的价值？

当你觉得自己开始懈怠，迷茫无措的时候，不如静下心来，想想自己喜欢的事情，或者是感兴趣的事情，制订一个计划，并且坚持下来。只要做一件你觉得有意义的事情，并且坚持做下去，认识到自己的初心，明确自己的方向，并朝着这个方向不懈努力，再平凡的事情，也会因为坚持而变得不平凡。

案例 28

最美扶贫干部：黄文秀*

【案例内容】

黄文秀下乡的村子名叫百坭村。当时这个村的山路十分崎岖，但比起山路更艰难的是人心。百坭村的村民一开始对扶贫干部和扶贫工作都不了解，表现出很明显的排斥心理。面对村民们的不理解，黄文秀总会笑着拿起扫帚帮他们扫扫院子，或者到厨房帮他们洗洗碗。村民们见到这个女孩子勤勤恳恳又没架子，于是渐渐接受了她。得到了村民的好感后，黄文秀不断向他们科普扶贫工作的知识，获得了大部分村民的理解和支持。

为了解决村里的道路问题，黄文秀不仅亲自进行实地勘察，还带领村干部做方案、拿对策，积极推进修路问题；为了解决山里的产业问题，她和群众一起学经验、找路子，发展杉木、砂糖橘、八角、枇杷等特色产业；为了打开销售渠道，她带着全村发展电商，仅砂糖橘在电商平台一年的销量就达到 2 万多公斤，销售额 22 万余元……黄文秀到任时，百坭村的贫困发生率为 22.88%；2018 年，百坭村 103 户贫困户顺利脱贫 88 户，贫困发生率降至 2.71%。

百坭村夏季多降水，容易酿成山洪。2018 年 6 月 16 日，百色市突发暴雨，黄文秀在回村的路上突遭不幸。

---

* 佚名．黄文秀：“用自己的力量，努力做出贡献”［N/OL］．人民日报，2019 - 11 - 14 (06).

黄文秀被追评为“2019十大女性人物”和“最美村官”称号。

【问题导引】

一、选择题

1.（单选）黄文秀先进事迹凸显了________这一党的思想政治教育的优良传统。

A. 坚持服从服务于党的中心工作

B. 坚持批评与自我批评

C. 坚持密切联系群众

D. 坚持充分发扬民主

2.（单选）以下哪项不是思想政治教育的具体方法________。

A. 疏导教育法

B. 理论教育法

C. 典型教育法

D. 激励教育法

二、思考题

1. 黄文秀的奉献精神体现了她怎样的信念与理想？

2. 黄文秀最终倒在了扶贫工作的道路上，她为扶贫事业牺牲的精神给了你怎样的启示？

【案例背景】

2016年，黄文秀在北京师范大学硕士研究生毕业后，自愿回到百色市革命老区工作，是百色市委宣传部的一名干部，她主动申请到某贫困村担任驻村第一书记。她牢记为人民服务这一宗旨，把贫困村和村民的所需所盼牢记心上，结合该村实际，组织村干部和村民大力发展致富产业，为该村脱贫致富奉献了聪明智慧和辛劳汗水。2019 年 6 月 17 日凌晨，黄文秀同志在突发山洪中不幸遇难，年仅 30 岁。黄文秀同志被追授“全国三八红旗手”“全国脱贫攻坚模范”等称号。

【主旨评析】

黄文秀坚定理想信念，牢记宗旨意识，心系扶贫，践行使命，不贪图在机关办公室里安逸的工作，只求在脱贫攻坚战场上奋勇的拼搏。知行合一说易行难，黄文秀正是用对扶贫事业的纯粹担起了组织的重托，用“点点滴滴”燃动了村民对过上好日子的期待。值得我们思考的是，无论是在战火年代，还是充满幸福感的今天，一名共产党员该如何在轻若鸿毛与重如泰山之间作出抉择？黄文秀在她的入党申请书里写下了答案：“一个人要活得有意义，生存得有价值，就不能光为自己而活，要用自己的力量为他人、为国家、为民族、为社会做出贡献。”

【启示解析】

1. 在从事思想政治教育活动时，要扎根于群众，切实了解教育对象，具体问题具体分析。

2. 重视在思想政治教育过程中对理想信念的教育，将科学性与思想性相结合。

3. 进一步明晰加强思想政治教育的基本原则，增强思想政治教育的影响力和渗透力。

通过教育启示学生认识知行统一的重要性，将教育与自我教育相结合，激发学生自我教育的意识。

【问题解析】

一、选择题答案及解析

1. C　作为一名扶贫干部，黄文秀深入到农村扶贫工作的第一线，真正做到了密切联系群众。

2. B　理论教育法是思想政治教育的基本方法。

二、思考题答案及解析

1. 黄文秀的奉献精神体现了她怎样的信念与理想？

2016 年 10 月 21 日，在纪念红军长征胜利 80 周年大会上，习近平总书记强调："心中有信仰，脚下有力量；没有牢不可破的理想信念，没有崇高理想信念的有力支撑，要取得长征胜利是不可想象的。"黄文秀同志毕业后，放弃优越的工作环境去条件艰苦的家乡，勇挑扶贫攻坚的重担，体现的是她心系父老乡亲的情怀和甘于奉献的担当意识，更展现了她坚定的理想信念。

首先，黄文秀怀有为人民服务的坚定信念，把对贫困山区每一寸土地、对群众每一份爱，化作为群众服务的力量，始终践行共产党人为民服务的根本宗旨。其次，黄文秀拥有勇于担当的时代精神。苟利国家生死以，岂因祸福避趋之。勇于担当，就是要主动把责任扛在"肩"上。在脱贫攻坚的战场上，黄文秀同志面对扶贫攻坚任务，敢于啃硬骨头，敢于亮剑，敢于发现问题解决问题，具有打赢脱贫攻坚战的勇气，体现的就是新时代年轻干部的担当精神。

2. 黄文秀最终倒在了扶贫工作的道路上，她为扶贫事业牺牲的精神给了你怎样的启示？

法国作家蒙田说过："生命的用途并不在长短而在我们怎样利用

它。许多人活的日子并不多，却活了很长久。”黄文秀30岁的年轻生命永远定格在扶贫路上，让我们感动、惋惜的同时也带来震撼和力量。

个行动，胜过 打纲领。在打赢脱贫攻坚战的关键时期，黄文秀同志放弃优越条件，扎根农村，把自己的青春年华奉献给基层，帮助贫困群众解决生活中的实际困难、发展生产、脱贫致富，实现全面小康，无愧人民、无愧时代、无愧历史。

使命呼唤担当，榜样引领时代，黄文秀同志用美好的青春诠释了共产党人的初心使命，谱写了新时代的青春之歌。广大青年学生应以黄文秀同志为榜样，用实际行动扛起时代的使命担当，把人生理想和个人价值融入国家发展、民族振兴的伟大事业中，用自己的青春与汗水实现理想价值，谱写人生华章。

第七章

思想政治教育的载体

案例29

延安文艺座谈会*

【案例内容】

1942年5月，毛泽东同志亲自主持召开了延安文艺座谈会。当时延安文艺界出现了“忽视抗战实际”“脱离群众实际”的问题，引起党内的极大关注。毛泽东同志鲜明指出文艺要为最广大的人民群众服务。

毛泽东指出：“为什么人的问题，是一个根本的问题，原则的问题。[②]”人民生活是一切文学艺术取之不尽、用之不竭的唯一的源泉。“一切革命的文学家艺术家只有联系群众，表现群众，把自己当作群

* 佚名．“小故事”里的“大情怀”：你所不知道的延安文艺座谈会［N/OL］．文艺报，(2022-05-23)［2022-06-10］．https://view.inews.qq.com/k/20220523A0AYYP08?web_channel=wap&openApp=false.

② 毛泽东．毛泽东文选（第3卷）［M］．北京：人民出版社，1991.

众的忠实的代言人，他们的工作才有意义。只有代表群众才能教育群众，只有做群众的学生才能做群众的先生。”毛泽东的讲话，充分阐述了文艺源与流的关系、普及与提高的关系、文艺与政治的关系、文艺批评的政治标准与艺术标准的关系，也批评了一些错误思想。《在延安文艺座谈会上的讲话》发表后，文艺工作者掀起了学习讲话的高潮，创造了一大批代表了当时延安文艺繁荣的作品，至今也被奉为经典。

【问题导引】

一、选择题

1.（多选）思想政治教育载体的类型有__________。

A. 语言文字载体

B. 活动载体

C. 文化载体

D. 传媒载体

E. 管理载体

2.（单选）思想政治教育的载体是指选择、运用承载一定思想政治教育信息的__________。

A. 教育理论

B. 教育认识

C. 教育中介

D. 教育体验

二、思考题

1. 延安文艺座谈会对于坚定党的正确政治方向具有怎样的历史

意义？

2. 思想政治教育的活动载体有哪些功能？

【案例背景】

1942 年 5 月，党中央召开延安文艺座谈会，主要是因为当时延安文化人普遍存在的小资产阶级思想问题亟待解决。受王明右倾投降主义的干扰、日军疯狂扫荡和国民党顽固派的封锁，党中央始终没有精力研究和解决文艺界存在的诸多问题。1941 年，在解决了军事、经济等一系列危机之后，党中央适时开展了“延安整风”运动，全力解决文化合力问题，确保文艺为抗日战争服务，为建设新民主主义文化服务。

【主旨评析】

延安文艺座谈会可谓是一场精神盛宴，对于坚定党的正确政治方向具有重要作用。毛泽东同志从马克思主义理论高度，系统回答了文艺运动中有争论的问题，强调党的文艺工作者必须从根本上解决立场、态度问题，阐明革命文艺为人民群众服务，且首先是为工农兵服务的根本方向，明确了党领导文艺工作的根本方针。

【启示解析】

人民群众作为思想政治教育的实践主体，使思想政治教育活动体现出鲜明的群众性。在延安文艺座谈会上，毛泽东同志阐述了文艺与人民的关系以及文艺与革命的关系。其中，文艺与人民的关系是文艺座谈会的核心内容。任何文艺都是人民群众创造的，任何文艺也都在为人民大众服务，文艺必须服从于革命，服从于政治，服从于抗日民族统一战线。判断文艺作品的好坏，其革命性是第一位的，而艺术性是第二位的。

《在延安文艺座谈会上的讲话》是我党思想和理论建设的光辉文献，是自有无产阶级文艺运动以来最重要的中国化的马克思主义文艺理论著作。该讲话中提出并切实解决的问题，对中国无产阶级文艺运动，具有伟大的指导意义。它为我国革命文艺运动的发展指出了明确的方向，开辟了广阔的道路。

【问题解析】

一、选择题答案及解析

1. ABCDE　语言文字载体：语言和文字是人类文明发展进步的一个重要标志，也是人们交往交流的主要载体；活动载体是指思想政治教育主体为了达到思想政治教育目的进行的计划性、规范性、组织性活动；文化载体是指把思想政治教育内容与文化各种活动形式与建设有机结合，不断增强人们的政治素养；传媒载体即大众传播媒介，一般指在传播路线上用以传达信息的报纸、书籍、杂志、电影、电视、电台、因特网等诸多形式，是党和政府舆论宣传的阵地与喉舌，也是党和政府与大众沟通的桥梁与纽带，当然包含思想政治教育的重要任务；管理载体就是把思想政治教育内容寓于管理之中，寓于人们具体工作之中，通过运用一定的制度性、规范性、约束性的规制，使受教育者逐步形成优良的思想品德和良好的言行习惯。

2. C　该题重点把握受教育者对思想政治教育载体内涵的认知与理解，教育作为中介这一桥梁，包含着语言文字与实践活动，也包含着文化与管理等。无论哪一种类型，只要能承载一定的思想政治教育信息，达到思想政治教育目的，都具有教育载体的作用。

二、思考题答案及解析

1. 延安文艺座谈会对于坚定党的正确政治方向具有怎样的历史意义？

延安文艺座谈会从本质上破解了文艺领域许多重大而深远的大问题，坚定了无产阶级文艺路线，丰富发展了马克思主义理论，形成了具有中国特点的文艺发展方略。

围绕文艺为人民群众服务这个主题，表明了求真务实的态度。促使艺术家们在文艺创作和表现上紧密联系实际，密切联系群众，坚持人民至上原则。同时，在党内要反对主观主义、宗派主义、党八股作风，倡导理论联系实际的作风。

2. 思想政治教育的活动载体有哪些功能？

能够实现教育与自我教育的有机统一，能够充分调动教育对象的能动性，能够使受教育者在社会实践中自我反思、自我评价、自我学习，从而提高自我认识、自我监督、自我激励、自我控制、自我调节、自我提高的能力。

案例 30

文化育人，刮起青春风*

【案例内容】

随着“95后”“00后”走进大学校园，形式单一的思政理论课已经不能满足需求，亟须以参与、互动、沉浸式的校园文化为切入点，

* 张桂林，柯高阳．文化育人，刮起青春风［J］．半月谈，2022（06）：2.

打造“大思政课堂”。重庆大学将多种文化以新方式融入青年人学习生活，为实现立德树人目标提供了有力的文化支撑。

通过原创红色有声漫画、传统文化艺术表演通识课、明月科创实验班——创新文化培育和实践育人。全面实施“三全育人”综合改革以来，重庆大学文化育人的成效正在显现，校园文化氛围更加浓郁，学生的综合素质得到提升。

【问题导引】

一、选择题

1.（单选）文化载体的核心功能是__________？

A. 表达方式

B. 发挥受教育者主体性

C. 以文化人

D. 沟通桥梁

2.（多选）从内容上划分，文化分为__________。

A. 物质文化

B. 制度文化

C. 军营文化

D. 精神文化

二、思考题

1. 请谈谈重庆大学是如何为文化传承注入青春力量，实现文化育人的？

2. 怎样有效地利用文化载体发挥思想政治教育的功能？

3. 你认为作为当代青年，应该如何承担起文化传承的重任，激活中华文化的生命力？

【案例背景】

重庆大学是国家第一所“三全育人”综合性改革试点院校，他们以习近平总书记相关重要讲话精神为指导，坚持立德树人的根本原则，统筹办学治校各领域、教育教学各环节、人才培养各方面的育人资源和育人力量，纵向构建“十大育人体系”，横向巩固“六大育人阵地”，点上打造虎溪校区示范区，面上梳理各类育人要素，聚焦课程、科研、文化、实践、社区育人五个重点，构建新时代“三全育人”新局面，努力把学校建成坚持党的领导，培养德智体美劳全面发展的社会主义现代化建设者和接班人的坚强阵地。2020 级毕业生中，有 2000 多人进入国有企业工作，600 多人入伍当兵，还有 500 多人参加了国家的建设工作。近几年，近 60% 的大学生在西部工作，50% 的学生到川渝工作，8 名学生到教科文等国际机构做实习生。

【启示解析】

《半月谈》杂志以“文化育人，刮起青春风”为题，深入报道了重庆“三全育人”全面改革的第一所试点大学，以全新的形式将多元的文化与年轻人的学习、用红色的精神铸造精神、用传统精神滋润青春灵魂、用实践创新炫出青春亮色，为实现立德树人目标提供了有力的文化支撑。

【启示解析】

1. 重庆大学以创意、创意、年轻化的方式，让更多的青少年喜欢上优秀的传统文化。中国文化博大精深，历史悠久，文化底蕴深厚，而现代青年对文化认识有很高的需求，但在日常生活、学习中，缺乏一个可以让他们更好地认识和理解中国文化的途径。认同与认知是年轻人继承中华优秀文化最根本的起点，而能够让年轻人认同和认知的往往是中国的独特性与唯一性。

2. 从革新中发展出一种文化。传承中华文化，一是为了传承民族的灵魂，二是为了传承和发扬优良的文化基因。所以，要以传承为主线，以创意为支撑，根据当前的时代特点，扩大其内涵，并不断地进行传承。现在的年轻人是在网络技术飞速发展的时代长大的，他们在很小的时候就能够接受大量来自世界各地的资讯信息，他们已经养成一种开放、辩证的心态去认识世界。他们不愿意接受“填鸭式”的沟通方式，也不愿意接受死板的传统观念，他们更愿意用自己的方式去解构和重构这些传统文化。

3. 在推动经济社会发展的过程中，必须不断强化宣传思想政治教育的载体，不断拓宽宣传渠道，创新宣传播媒介的方式与内涵。《中共中央关于深化文化体制改革推动社会主义文化大发展大繁荣若干重大问题的决定》中提出了以“大发展大繁荣”为核心的“文化”载体的构建。因此，必须坚定社会主义发展道路，坚持文艺为人民服务、为社会主义服务，坚持百花齐放，百家争鸣方针，弘扬新时代主旋律，用崇高的道德来影响人，用优秀的文学创作激励人，在整个社会中树立积极的思想和良好的生活态度。

4. 文化是物质和精神的结合，在饮食和生活中都有一种传统的基因。文化产品、文化活动和文化建设是一种双向的、相互影响的活动，既要挖掘和激活文化产品、文化活动和文化建设中所蕴含的文化要素，又要自觉地将特定的文化内容融入文化载体，增强文化的思想政治教育作用。文化内涵十分丰富，包含价值观念、思想观念、道德规范、文化知识、科学素养、专业技能、思维方式、审美意识等。思想政治教育就是要把诸多内涵要义融入教育教学，提升学生的综合素养。

5. 新时期，要坚持以人民为中心，以人民为中心，以更多的大众喜爱的优秀作品为载体，培育人民群众的文化自信，推进社会文化活动蓬勃发展。年轻人，是推动人类社会发展的一支重要力量，正在逐渐担负起民族发展的重任。我们今天要用艺术的革新来保护我们的传统，让它在新的土壤里“别开生面”，让“文化老树”生根发芽，把今天的文化精髓埋藏在明日。

【问题解析】

一、选择题答案及解析

1. C　文化的核心功能是以文化人。中国古代提出的“文以明道”“文以贯道”“文以载道”等都是强调“文”是“道”的载体。社会发展至今，“文以载道，以文化人”仍具有重要的现实意义。

2. ABD　从思想政治教育与文化紧密结合上看，大致可以划分为三个不同层面的载体，分别是物质文化载体、制度文化载体和精神文化载体，这三个不同层面的文化载体有机地统一于思想政治教育过程中，而选项 C 中的军营文化则是按照文化的发生和作用空间划分的。

二、思考题答案及解析

1. 请谈谈重庆大学是如何为文化传承注入青春力量，实现文化育人的？

重庆大学将多种文化以一种新方式融入青年人学习生活，为实现立德树人目标提供了有力的文化支撑。积极引导组织学生参与到互动式、沉浸式校园文化当中，把思想政治教育内容融入校园文化形式和社团活动之中。

从文化视角看，思想政治教育过程就是一种文化传承的过程，文化贯穿和环绕在教育活动的各个环节及要素中，显而易见，文化在思想政治教育中发挥着重要作用。

2. 怎样有效地利用文化载体发挥思想政治教育的功能？

打造文化产品、文化活动、文化建设载体，与思想政治教育相衔接，深入挖掘三大载体中蕴含的相关教育因子，增强文化在思想政治教育中的重要功能。

3. 你认为作为当代青年，应该如何承担起文化传承的重任，激活中华文化的生命力？

首先要牢固树立爱国主义、集体主义、社会主义思想意识，筑牢正确的历史观、民族观、国家观、文化观。其次要坚定文化自信，传承中华优秀传统文化，弘扬中国革命文化，发展社会主义先进文化，践行社会主义核心价值观。坚持文化为新时代中国特色社会主义现代化服务，为人民群众服务，弘扬社会主义发展主旋律，用正确的舆论引导人，以高尚的精神塑造人。

案例 31

《感动中国》颁奖晚会*

【案例内容】

《感动中国 2021 年度人物颁奖盛典》让人心存崇敬。有归根清华的百岁物理学家杨振宁，70 年航空报国的科学家顾诵芬，守护高原人

* 央视网．感动中国颁奖晚会［Z/OL］.（2022－02－26）［2022－03－20］. https：//tv.cctv.com/2022/02/26/VIDAzfqQwz10JWzIRZDnHp3w220226.shtml.

民健康的老院士吴天一，长津湖幸存志愿军战士“中国保尔”朱彦夫，首位闯进奥运会男子百米决赛的苏炳添，见证国家脱贫奇迹的陈贝儿，身残志坚的脱贫攻坚奋斗者张顺东、李国秀夫妇，中国核动力事业奠基人彭士禄，双耳失聪自强不息的青年学生江梦南，取得辉煌成就的中国航天人。

【问题导引】

一、选择题

1.（多选）传媒是大众传播媒介的简称，传媒载体是思想政治教育工作中不可或缺的重要组成部分。在我国，大众传媒主要具有_________功能。

A. 公众服务

B. 商业服务

C. 政治倡导（教育）

D. 沟通交流

2.（多选）传媒载体的功能体现在_________。

A. 青少年社会化的主要方式

B. 有利于实现教育与自我教育的统一

C. 主导意识形态传播的主要途径

D. 为思想政治教育提供新的发展机遇

二、思考题

1. 在颁奖晚会上，每一位“感动中国”人物都有属于自己的颁奖词，从中彰显了怎样的精神？

2.《感动中国》颁奖晚会发挥了思想政治教育的哪些功能？

【案例背景】

《感动中国》是中央电视台（CCTV）综合频道打造的一档精神品牌节目，从2003年开始已连续举办多年，采用多种投票方式评选年度人物和团队。“年度人物”指的是某一年内的某一重要事件，或是某一年内所出现的某一人物所引发的社会关注度。此次评选的主旨是“感动大众，感动中国”，评选的角色必须具有下列一项或多项特征。为推动社会进步，时代发展做出卓越的成绩，荣获重要奖项，受到社会各界的普遍重视；在各个领域做出突出贡献或突出业绩，是全国重点工程的重要贡献者；热爱本职工作，在平凡工作中创造出卓越业绩；用自己的远见卓识，为社会公平正义、人类生存环境做出突出贡献；以自身践行影响力，反映了社会发展方向、社会价值观和时代的精神；在生活、家庭、情感等方面的表现尤为动人，反映了中国的优良传统和良好的社会风气。

【主旨评析】

从2003年开始，《感动中国》栏目已经走过了将近20个年头，这些普通的英雄们的故事感人至深，他们的个人魅力更是令人振奋。一个个闪亮的名字，一件件感人的事迹，一幅幅动人的影像，像是一座座纪念碑，像是一颗颗璀璨的星辰，像是一支支火炬，穿透了时间的长廊，照亮了过去，照亮了现在，照亮了未来。正是“感动人物”们的坚持，让人们看到了好，感受到了爱，留住了春天，留住了真诚，在物质的原野上树立了一座精神的高峰，绽放出了社会主义核心价值观的璀璨光芒。

【启示解析】

1. 大众媒体是我国青年社会化的重要途径之一；大众媒体是以民

众为对象的，具有较强的“社会性”和较大的影响力。大众媒体既能对公众的舆论进行导向，又能对大众的心态产生一定的影响作用。

2. 大众媒介是思想交流的主流方式之一。当代媒体既有党报党刊、通讯社，也有电台、电视台、门户网站等，这些都是中国共产党的宣传媒介，肩负着树立正确的思想引导作用。随着时间的推移，大众传媒由口口相传，到文字的传递，再到无线通信、网络传播，各种都市媒体和网络媒体层出不穷，新闻的方式呈现出多样化、开放性、网络化的特点，其覆盖范围随着移动互联网的发展日趋宽广，影响力也日趋扩大，成为凝聚思想、鼓舞人心、凝聚力量、动员群众的强大手段，在加强意识形态宣传阵地、坚持党管媒体原则、维护社会稳定、促进和谐社会建设等方面发挥着突出作用。

3. 大众媒体、网络媒体的迅猛发展，为增强高校思想政治教育的传播力、影响力创造了难得的有利条件。在平面媒体的年代，以纸质传播媒介为主体；在现代的网络时代，图像、声音和文本共同担负着传播思想政治教育的重要作用。相对于传统的平面媒体而言，现代科技的发展与运用，是大众媒体与网络媒体发展的一个重要特征。

【问题解析】

一、选择题答案及解析

1. ABC　发挥大众传媒作用，是提升思想政治教育效力的一个重要手段。在传播内容上，服务人民大众、服务于商业活动，最重要的是人民民主专政的社会主义国家性质决定了我国大众传媒的阶级属性，体现了党领导下的社会性和人民性的高度统一。

2. ACD　社会化是指一个人由自然人到社会人的发展过程。这个过程主要表现为价值观念和行为规则的继承和传播。现代信息技术发展所改变的不仅是信息传播方式，而且也改变了思想政治教育的观念和模式。而B选项强调的是思想政治教育活动载体的功能。

二、思考题答案及解析

1. 在颁奖晚会上，每一位“感动中国”人物都有属于自己的颁奖词，从中彰显了怎样的精神？

《感动中国》中呈现的是中国精神，传递的是爱国主义、是无数感动中国人物共同的底色。他们始终同国家站在一起，传递着社会主义核心价值观。普通人在平凡的生活中铸就伟大，知重负重，以生命赴使命，用初心诠释精神。

2. 《感动中国》颁奖晚会发挥了思想政治教育的哪些功能？

《感动中国》颁奖晚会发挥了意识形态传播的作用，承担着营造正确舆论导向的职责，还发挥了传播新时代正能量的作用。而巩固社会意识形态宣传阵地，坚持党管媒体原则，维护社会稳定，促进和谐社会建设等方面的作用更加艰巨。

案例32

重走长征路*

【案例内容】

为迎接中国共产党成立100周年，进一步推动党史学习教育深入开展，2020年5月25日，四川省眉山市彭山区机关事务中心组织党

---

* 人民网．重走长征路［N/OL］.（2020－04－06）［2022－03－20］. https：//baijiahao.baidu.com/s? id＝1663169596890758224&wfr＝spider&for＝pc.

员干部前往四川省甘孜州泸定县、雅安市石棉县安顺场，开展党史学习教育主题活动。

在讲解员的带领和解说下，大家每抵达一个打卡点，小憩之余，也可以重温红军长征中的感人故事。同志们纷纷表示，通过亲身体会一个个长征场景，对红军战士们不怕牺牲、百折不挠、敢于拼搏的奋斗精神更为敬佩，“长征路”越走越精神！

【问题导引】

一、选择题

1. （多选）思想政治教育载体具有__________的特点。

A. 承载性

B. 中介性

C. 目的性

D. 可控性

2. （多选）思想政治教育载体的开发需要__________方面。

A. 重点开发体现社会主义核心价值观的教育载体

B. 积极开发新媒体中的教育载体

C. 重视开发生活环境中的教育载体

二、思考题

1. 你参观过长征路上的红色旅游景点吗？谈谈你参观的感受。

2. 你知道长征精神是什么吗？

3. 你认为新时代如何继承和发扬长征精神？

【案例背景】

习近平总书记在北京主持了全国人大常委会第九次全体大会的

讨论，并对《长城、大运河、长征国家文化公园建设方案》进行了讨论。国家文化园区既是一种保护、利用、传承的新模式，也是塑造民族形象、增强文化自信、促进文化传播、构建民族身份的重要文化媒介。体验路线与古道是国家文化园区的一个主要内容。从主题的鲜明统一、历史路径与情节主线构成的骨架、历史记忆与情感的鲜活、自然与人文生态等方面，突出强调叙事、体验和融入自然营造的气氛。“文化线路”的遗产保存思想，注重综合的价值观。长征的历史遗迹，充分展现了“1 +1 >2”的完整意义，它就像一幅完整的地图，蕴含着特殊的历史，从全局角度来看，它就像是一个完整的故事。

【主旨评析】

中国红军二万五千里长征，是一场对中国人民产生深远影响的伟大的远征，是一个使整个民族都为之敬仰的伟大事业！长征精神成为每一个个体积极进取的动力，甚至是整个国家奋斗的灵魂，其内涵早已超越了这个年代！在新时代，重新踏上“长征”之路，不仅是对自身极限的一次考验，也是对这一特别历史事件的一次真正的回溯，使人们更能真正体会到前辈的艰辛和光辉。

【启示解析】

1. 关于“长征”的精神。长征是无数红军烈士的鲜血铸成的历史，是一部史无前例、雄伟壮丽的史诗。长征精神永不落伍，直到今天依然散发着激荡人心的神奇魅力，它不仅激励着中国几代人，而且在全世界也产生了深远的影响。长征已成为中华民族意志与品格的注释和前仆后继追求光明与理想的象征，长征精神更是革命先辈为后人留下的最宝贵的精神财富，是中华民族百折不挠、自强不息的民族精神的最高体现，是保证我们革命和建设事业从胜利走向胜利的强大精神力量。

2. 深刻领会长征精神的时代内涵。艰苦奋斗、勇往直前、团结协作的长征精神紧扣着时代脉搏，一起律动，并将永远奏响时代的最强音。追随先辈们的脚步，可以更加深切地体会到其深厚的内涵和时代的意义。“再一次”踏上“长征”之路，不仅是对党中央号召的响应，更是一个不忘初心，牢记使命的过程。长征精神时刻鼓舞着我们，让我们重新走过这条长征之路，回首过去，重新认识先辈不畏困难、勇往直前、不怕牺牲的精神，鞭策自己、升华自己！不忘初心，勇往直前！

【问题解析】

一、选择题答案及解析

1. ABCD　相比思想政治教育内容，思想政治教育的载体是现实的、具体的、有形的；中介是由此及彼的桥梁，思想政治教育载体是思想政治教育过程中的组成部分，受思想政治教育整体的制约。载体是现实的存在，但是并不是所有的现实存在都是载体。

2. ABC　社会主义核心价值体系，决定着中国特色社会主义的发展方向，社会主义核心价值观，是当代中国的价值共识。它突出坚持以人为本，尊重群众主体地位，关注人们利益诉求和价值愿望，促进人的全面发展；坚持以理想信念为核心，抓住世界观、人生观、价值观这个总开关，在全社会牢固树立中国特色社会主义共同理想，着力筑牢人们的精神支柱；坚持联系实际，区分层次和对象，加强分类指导，找准与人们思想的共鸣点、与群众利益的交汇点；坚持改进创新，善于运用群众喜闻乐见的方式，搭建群众便于参与的平台，开辟群众乐于参与的渠道，积极推进理念创新、手段创新和基层工作创新，增强工作的吸引力感染力。

二、思考题答案及解析

1. 你参观过长征路上的红色旅游景点吗？谈谈你参观的感受。

如赶赴石棉县，感受强渡大渡河。大家切身体会了强渡的英勇果敢、坚决必胜、顽强拼搏和争取革命战果的无畏精神，对红军强渡大渡河取得胜利和对中国革命的重要意义有了更加深刻的理解和体会。从“红军飞夺泸定桥”和“红军强渡大渡河”两个历史节点的学习重温，彰显教育主题，学习了红军一不怕苦、二不怕死的奋勇向前的精神，领会革命精髓，坚定理想信念。

2. 你知道长征精神是什么吗？

长征精神是把全国人民和中华民族的根本利益看得高于一切，坚定革命的理想和信念，坚信正义事业必然胜利的精神。为了救国救民，不怕任何艰难险阻，不惜付出一切牺牲的精神。坚持独立自主、实事求是，一切从实际出发的精神。顾全大局、严守纪律、紧密团结的精神。紧紧依靠人民群众，同人民群众生死相依、患难与共、艰苦奋斗的精神。

3. 你认为新时代如何继承和发扬长征精神？

全党和全国各族人民都应加入弘扬长征精神的队伍，大力加强红军长征及其精神的教育作用，引导广大干部和群众特别是青少年加强爱国主义和革命传统教育，加强他们对长征的历史和长征精神的了解，正确认识长征和长征精神在中国历史上的重要地位和作用，使他们真正懂得没有长征就没有今天的中国，长征精神至今仍然是我们的“传家宝”。

案例 33

“小书痴”走进大天地*

【案例内容】

于点在北京市第二实验小学读五年级。走进他家，最多的家具就是书柜，读书是于点假期的重心，不管什么时间、什么地点，于点常常随手抄起一本书来读，或粗略浏览，或沉浸其中。于爸爸持续不断地买书，闲置不要紧，暂时没有兴趣没关系；读错字也没什么大不了，及时纠正就行了，读书已然成为于点日常生活中最重要的部分了。

苏辙曾说：“早岁读书无甚解，晚年省事有奇功。②”阅读对各个年龄段的人都适用，没有人处在这个快速发展的时代不需要学习新知识的。一个人的阅读量越大，那么他的思想越具有接受性。你曾读过的每一本书都会穿过你的血肉，融入你的骨髓，塑造你的气质，改变你的容颜，浸染你的品质，提升你的修养，丰富你的德行。

【问题导引】

一、选择题答案及解析

1. （多选）用于传递思想政治教育的中介可以是__________。

A. 语言文字

* 靳晓燕．读书乐：“小书痴”走进大天地［N/OL］.（2022－01－27）［2022－03－20］. https：//baijiahao. baidu. com/s？ id＝1723046125074530925&wfr＝spider&for＝pc.

② 出自宋代诗人苏辙《省事》。

B. 实践活动

C. 文化

D. 管理

2. （多选）思想政治教育载体的选择和运用受到＿＿＿＿＿因素影响。

A. 教育内容

B. 教育对象

C. 教育环境

D. 教育目的

二、思考题

1. 通过读书对人的改变，体现了思想政治教育载体的哪些特点？
2. 在你读过的书之中，哪一本书对你思想行为产生的影响最大？
3. 你认为在大学如何发挥阅读的思想政治教育功能？

【案例背景】

于点是北京市第二实验小学五年级的学生，从小就喜欢看书，他的房间里堆满了各种各样的书，他看过的书数不胜数。由于热爱阅读，他在求学和生活中不断地增长见识，眼界也日益宽广。

【主旨评析】

“读书越多，心灵越强，越有勇气。”中国人从古至今都认为阅读是最高尚的行为和最正确的行为。“读书如药，读书能治愚昧。”阅读一部好的书籍，如同与知己畅所欲言，从这些跃动的字句中，我们可以体会到那些文人墨客的热情与潇洒，领略到哲学家、思想家的智慧与高远；我们也可以体味到历史的云烟、人间的冷暖、世事的变化，穿越时间与空间，聆听先贤的话语，与今日的人们对视，与伟大的人物畅所欲言，让书香浸润生命，滋养心灵。

【启示解析】

1. 要切实加大对大学生思想政治工作深度开发的力度。阅读是我们学习活动中不可或缺的一环，读优质的图书不但能潜移默化地改变人们的世界观、人生观和价值观，还能增强人们的自律意识和自觉性，从而抵御各种负面信息的影响。但应认识到，由于经济发展、生活节奏的不断提高，大学生“浅阅读”、功利性阅读等问题越来越多。指导教师应教育学生要时刻保持一种虚心的心态和勇于发问的精神，同时，还应把非智能要素与智能要素有机地融合起来，指导学生阅读和学习；加强高校图书馆的引领功能；根据不同的专业特点，采用多种激励方式。

2. 阅读可以使大学生思想政治教育工作的作用得到充分发挥，其作用主要体现在以下两个层面：一是通过激励大学生读书，使其养成一种健康、正面的心态，并帮助学生迅速、高效地实现其目标；二是鼓励大学生读书，加强他们对国家的深刻理解，培养他们的国家责任感和自豪感，并创造一个良好的学习氛围。

3. 以阅读为媒介，促进思想政治教学工作的推进，它的主要特征为：一是承载力。与其内容、方法等相比较，它更具有实际意义。抽象的思想和手段，只能在特定的、有形的媒介下转化为可以感知的认知，成为一种有效的教学手段。二是中间人。媒介在大学生的思想政治工作中起到了连接和作用于教育对象的作用。媒介只是一种进行教育的工具。三是目标。高校学生的思想政治工作在高校德育工作中起着举足轻重的作用，它是一项有计划、有组织、有目标的系统化教学活动。因此，它也就是其媒介目标的确定。

【问题解析】

一、选择题答案及解析

1. ABCD 凡是能承载思想政治教育信息，为思想政治教育服务的媒介，都具有教育载体的作用，也是承载一定思想政治教育信息的教育中介。

2. ABC 思想政治教育载体的选择要依据思想政治教育的内容、接受教育的对象、开展教育的环境而定。在运用上要保证思想政治教育的主导性，在开发上要保证思想政治教育载体的丰富性，还要体现社会主义核心价值观，积极开发新媒体，同时重视开发生活环境中的教育载体。

二、思考题答案及解析

1. 通过读书对人的改变，体现了思想政治教育载体的哪些特点？

承载性、中介性、目的性。相比思想政治，教育内容，方法等载体是现实的，具体的，有形的。抽象的事物必须通过有形的载体去感悟、去体验，才能成为具体而明确的感性认识，进而可以成为能够利用的教育资源。同时，在思想政治教育过程中，中介担负着教育主体和客体衔接功能。这其中，语言文字在思想政治教育当中反映着教育主体的主观意向，进而达到教育的目的。

2. 在你读过的书之中，哪一本书对你思想行为产生的影响最大？

对我影响最大的是我阅读过的一本名为《未来学校》的书。最突出的内容是未来教育发展将打破多种限制，如学习年龄的限制、学习形式的限制、学习时间的限制、学习地点的限制、师资力量的限制、学习文凭的限制、师资职称的限制等，这一举措必将极大地增强教师的传授能力和学生的学习能力。

3. 你认为在大学如何发挥阅读的思想政治教育功能？

要做到深度阅读。在数字阅读成为流行趋势的今天，大学生群体应该逐步培养深度阅读的好习惯。如全身心地阅读一本教育名著，走出浅阅读的舒适区，深挖关于名著的知识理念，去感受思想政治教育是如何发生作用的。

案例 34

《端午奇妙游》，创新尽显中国之美*

【案例内容】

2021 年，河南卫视春节联欢晚会中《唐宫夜宴》节目热度暴增，催生河南卫视制作了独具古风文化特色的《元宵奇妙夜》《清明时节奇妙游》等中国节日系列特别节目，《端午奇妙游》为该系列的第四集。

《端午奇妙游》晚会采用“网剧 + 网综”的模式，从唐朝的社会视角出发，贴合现代社会青年思想现状，以唐朝小妹妹进宫献艺过程中发生的奇妙经历为主线，融入赛龙舟、吃粽子、缅怀屈原、饮雄黄酒、艾草祛病等端午习俗，向观众传达“驱毒辟邪、追思先哲、爱国为民”的节日文化内涵，向世界展示了中国传统节日的魅力。

此次的《端午奇妙游》融入了互联网思维和国潮元素，运用科技创新的手段增加优秀文化的时尚表达和记录传承，以全新的艺术形式，

* 光明网．《2022 端午奇妙游》刷新出圈名场面领略国粹之美［N/OL］.（2022 - 06 - 06）［2022 - 07 - 01］. https：//m. yunnan. cn/system/2022/06/06/032122359. shtml.

为观众挖掘中国传统节日的文化内涵，进一步带动文化寻根热潮，释放中华民族的文化自信和无穷的传统文化魅力。

【问题导引】

一、选择题

1. （多选）思想政治教育的活动载体的重要特征是__________。

A. 组织性

B. 参与性

C. 针对性

D. 目的性

2. （单选）思想政治教育活动是由__________、参与者共同构成的多主体活动。

A. 组织者

B. 教育者

C. 受教育者

D. 实施者

二、思考题

1. 近年来，河南卫视“文化产业”何以火爆出圈？

2. 中国优秀传统文化在文化载体中发挥了怎样的思想政治教育功能？

3. 新时代，我们如何将中华优秀传统文化与思想政治教育进行有效融合？

【案例背景】

河南省电视台近几年从以流量和网络为依托的《“中国节日”系

列节目》，致力于发掘传统的核心内容。《“中国节日”系列节目》是以中国传统节庆为主题，其中有《2021 年河南春晚》《元宵奇妙夜》《清明奇妙游》《端午奇妙游》等。这不但能让其在同类晚会中独树一帜，还创作出一大批思想性强、内容丰富、艺术水准较高的优秀节目。

【主旨评析】

中国文化软实力包含中华文化深厚的历史积淀。河南电视台依托中华五千年的悠久历史，依托河南省作为中华文明的重要发源地、华夏文化传承的创新示范区的文化底蕴，以“奇妙夜，奇妙游”的形式，向观众讲述黄河故事、推进华夏文明传播，对传统文化进行了活化。在寻找过去与现在共鸣的节奏中，将中国传统文化的精华融入我们的日常生活，带我们再一次体会中华上下五千年的辉煌。

【启示解析】

中华优秀传统文化是中国的文化根基。把中华优秀传统文化与大学生的思想政治工作结合起来，对于厚植当代大学生的思想政治教育理论和丰富实践活动，具有重要的现实意义。第一，要坚持立德树人的基本要求。高校的德育工作主要是为了提高大学生良好的人格素质，激励他们树立崇高的理想，为实现自己的目标和生命的价值而奋斗。第二，要加强对高校思想政治教育师资的培养。教师是中华优秀的传统文化的守护者和传播者，高校思政课教学中传统文化与思想政治教学融合的成效，是高校思政课师资队伍建设的重要内容。第三，要强化高校思想政治教育实训工作。运用实践性的方法进行思想政治教育工作，既能提高大学生的学习兴趣，进而使“知行合一”真正落实，进而推动中华优秀传统文化和思想政治工作的全面结合，促使高校的德育工作质量得到提升和提高。

【问题解析】

一、选择题答案及解析

1. ABC　人们在参与思想政治教育活动的同时，对活动中承载的思想政治教育信息加以吸收并运用于实践。思想政治教育载体的特征就是活动本身，是思想政治教育理论付诸实践，使受教育者践行价值理念，政治观点，道德规范的过程。

2. A　思想政治教育活动是多主体参与的活动，该活动的群众性是党的群众路线在思想政治教育中的体现，是具有针对性的活动。思想政治教育活动的方式方法要根据教育目标和教育对象而定。

二、思考题答案及解析

1. 近年来，河南卫视“文化产业”何以火爆出圈？

中国人的传统节日是中华民族祖先所积累下来的一种历史和文化遗产。然而，过去年轻人的认识途径和方法比较简单，缺少趣味。河南卫视这一系列展现传统文化的创意节目，以传统文化为基底，结合高科技的视听手段，呈现出令人耳目一新的创新性、多元性的文化节目，适当地消解了不同文化层次间的隔阂性，缩小了与观众的距离感，同时激发了年轻人心中对中华文化的那份归属感和骄傲感，促使国潮与国风影响更多的人，真正做到了对中华优秀传统文化的“创造性转化和创新性发展”，成功地吸引了观众的目光。

2. 中国优秀传统文化在文化载体中发挥了怎样的思想政治教育功能？

中华优秀传统文化凝聚着中华民族自强不息的精神追求和历久弥新的精神财富，是发展社会主义先进文化的深厚基础，是建设中华民族共有精神家园的重要支撑。加强思想政治教育离不开厚重的中华文化的支撑，中华文化的内在精髓和优秀品质对于受教育者牢固树立正确的思想观念和价值取向，确立规范的道德品质和言行举止，都具有极其重要的作用。

3. 新时代，我们如何将中华优秀传统文化与思想政治教育进行有效融合？

第一，坚持把立德树人作为根本任务。高校思想政治教育旨在培养学生优秀品格和优良品质，鼓励学生树立远大理想，努力实现个人奋斗目标与人生价值。第二，加强思想政治教育教师队伍建设。教师是中华优秀传统文化的守护者与传播者。将优秀的传统文化融入思想政治教育，能否达到良好的效果，在很大程度上取决于授课教师的水准。第三，切实提高思想政治教育质量，还要注重实践教学。以实践教学方式开展思想政治教育不仅有利于增强学生学习兴趣，将“知行合一”落到实处，更有利于促进中华优秀传统文化与思想政治教育的全方位融合，实现思想政治教育质效的升级发展。

第八章

网络思想政治教育

案例35

讲好战“疫”故事，构建网络思政平台*

【案例内容】

沈阳航空航天大学通过网上集体备课，将抗疫精神融入思政课的教学。通过讲述凸显抗疫精神的典型案例和事迹，突出呈现了我国的制度优势和中国人民的抗疫精神，同时将课堂教学、专题讲座紧密结合，构建讲好抗疫精神的思政课堂。

上海市静安区彭浦镇社区党群服务中心举办“我们的疫线故

---

* 佚名．“线上传递知识，云端凝汇思想”——辽宁高校将抗疫精神融入思政课［N/OL］．人民日报，2022－04－04［2022－04－20］．https：//wap. peopleapp. com/article/6609858/6486322.

江跃中．守“沪”者讲述身边的抗疫故事 彭浦镇举办“我们的疫线故事”庆祝建党101周年主题分享活动［N/OL］．新民晚报，2022－07－02［2022－07－10］．https：//www. jingan. gov. cn/rmtzx/003008/003008005/20220702/2ef4fa74－bfc6－46ab－8e6f－1c7c8685c63c. html.

事”——庆祝建党 101 周年主题分享活动。来自不同领域的 6 位守“沪”者，讲述了他们的“疫线”故事，6 段不同的经历，共同书写着同一个主题，表达着同一个心愿，那就是“守护家园，我们义不容辞!”

【问题导引】

一、选择题

1. （多选）互联网信息传播具有__________的特性。

A. 开放性与平等性

B. 丰富性与多元性

C. 传播性与中介性

D. 主体性与互动性

2. （多选）网络的开放性在网络架构上主要体现为__________。

A. 对用户的开放

B. 对信息服务提供者的开放

C. 对互联网提供者的开放

D. 对互联网未来改进的开放

二、思考题

1. 网络的广泛应用和发展，使人类的信息交流方式发生了很大的变化。在信息全球化的大背景下，互联网的广泛使用为疫情期间网络思想政治教育提供了哪些便利与优势呢?

2. 网络思想政治教育已经成为思想政治教育的重要组成部分，我们如何来准确界定和把握网络思想政治教育的概念与利弊呢?

3. 新时代新征程，在全球疫情泛滥、人类面临新挑战的大背景下，网络思政课给思想政治教育者带来了哪些新课题?

【案例背景】

岁末、庚子年初，新型冠状病毒肺炎席卷了全国。我们在这场大难中损失了很多：生命、健康、财产。但是，在此期间，我们收获了更多：爱心、责任、奉献、信心。在疫情面前，举国同心，众志成城，齐心协力打赢这场战“疫”。在此期间，网络成为了高校思想政治工作的主要阵地。如何充分发挥网络教育的魅力，提高大学生的思想政治工作实效，是当前大学生思想政治工作所面临的新课题。

【主旨评析】

随着互联网的出现，网络作为一种社会实践的载体，它的多样性也在一定程度上决定了它的地位。在后疫情时期，网络思想政治工作既能引导社会多元化思潮，又能引导个体价值理念，还能促进社会主流意识形态的形成。与现实的意识形态教学相比，网络思政课的价值产生是建立在虚拟社交形态基础上的，是知识和价值理论的全新载体，也是一种全新的价值实现方式。

【启示解析】

1. 强化高校大学生思想政治教育工作。在新型冠状病毒肺炎疫情流行的情况下，学校充分发挥现有的特色主题，加强网络思想政治宣传工作，将习近平总书记有关疫情的指示精神、权威媒体的解读和评论文章、战“疫”中的先进人物事迹、学校师生参与抗疫的具体做法等进行及时宣传报道，并通过漫画、微视频、海报等形式普及疫情防治的法律法规。同时，高校的精神卫生咨询中心、招生就业部门通过在校园内开设咨询电话、网上咨询等工作，为广大学生提供咨询服务。与此同时，大力宣传运用“学习强国”网络平台等，指导广大师生以

“看、听、读、谈”为核心的方式开启“宅在家”的学习模式，引导学生们将自己的思想和行为集中到党中央的决策部署上。

2. 建立切实有效的指导机制。在战“疫”工作最紧张的时期，出现了许多不真实的报道，而大学生面对这样的不实信息时，却常常会因为缺少深入的思考而丧失对事实的正确认识，从而造成严重的跟风行为。因此，要充分运用媒体的力量，适时地向学生宣传疫情知识、防控措施，不信谣、不传谣，增强党和人民战胜这场没有硝烟战争的信念。加强学校防疫知识宣传，破除谣言，共享学习资源、考试信息、就业渠道等资源，以解决学生不能正常上课的困扰。同时，要认真深入地研究习近平总书记有关疫情防控的重要指示精神，组织广大大学生参加“全国大学生同上一堂疫情防控思政大课”，并展开讨论，在宽度和深度上同时拓展内容，解决大学生的思想困惑。

3. 充分利用好教育资源。刚健有为、自强不息，历来是中华民族的优良传统，“以民为本”历来是中华民族优秀的传统文化，浓郁的爱国情结早已渗入中国人民的骨子里。高校应充分利用校园的战“疫”文化，积极开展大学生的网上思想政治教育工作。根据课程特点，将思想政治课程从传统教学中剥离出来。在互联网上组织开展主题征文、优秀文化作品征集等，以文字、绘画、书法、剪纸、海报等形式赞美和记录英雄事迹。利用各种文化资料，指导学生多角度深层次地展开思考，展开“云端”式的探讨，透过屏幕传达积极的能量，充实心灵，锻造思维的灵魂。

4. 大力发扬中华民族“伟大抗疫精神”。在新型冠状病毒肺炎疫情席卷全球的时候，中国人民战胜了所有的艰难险阻，铸就了生命至上、举国同心、舍生忘死、尊重科学、命运与共的伟大抗疫精神①。各个学校在微信公众号上都设有介绍钟南山、张定宇、刘智明等医护

① 习近平．在全国抗击新冠肺炎疫情表彰大会上的讲话［M］. 北京：人民出版社，2020.

人员先进事迹的专栏。他们勇敢、无畏、仁慈、奋不顾身、舍生忘死，充分体现了中国伟大的抗疫精神，为大学生提供了强大的精神动力，促进了大学生的全面成长和成才。

【问题解析】

一、选择题答案及解析

1. ABD　网络的开放性是指以网络为基础的信息交换平台，它是一个开放的、非封闭的体系。与真实的社会一样，网络空间倡导自由的同时必须保持秩序。网络用户作为传播主体，在网络上的地位上是平等的；所谓互联网的丰富性是指网络信息容量无限丰富，种类繁多，在内容倾向上呈现多元化的特点。网络传播的互动性是指在互联网上，传播媒介和受众的双向交互。

2. ABCD　互联网是一个为各类服务提供成长和发展的平台，它是一个具有成长性和开放性的平台，它推动着互联网的迅速发展，成为全球互联网传播的支柱和特征。所以，开放性是网络的基本特征。

二、思考题答案及解析

1. 网络的广泛应用和发展，使人类的信息交流方式发生了很大的变化。在信息全球化的大背景下，互联网的广泛使用为疫情期间网络思想政治教育提供了哪些便利与优势呢？

互联网已经成为人们社会实践活动的重要媒介，在后疫情时代环境下，网络思想政治教育引领社会多元化思潮、引导个体价值观念，也是构建主流意识形态话语权的重要手段。为思想政治教育提供了新平台，实现网络育人。

2. 网络思想政治教育已经成为思想政治教育的重要组成部分，我们如何来准确界定和把握网络思想政治教育的概念与利弊呢？

与现实思想政治教育不同，网络思想政治教育的价值生成逻辑基于虚拟的交往形式，面临着知识论与价值论的双重矛盾，有着自身独特的价值实现形式。要加强对网络上多元化价值导向的科学评价与指导，用社会主义核心价值观来指导和规范网络的活动和发展；在虚拟世界中，要注意角色的言行和行为准则；要把握虚拟交往的尺度，掌握虚拟与现实的区别，培养和保持参与现实生活的兴趣和能力；具备辨别是非、辨别网络信息是否正确的能力。同时要完善网络安全的法律、法规和政策，加强网络安全环境的建设，确保新的网络应用领域的安全管理。

3. 新时代新征程，在全球疫情泛滥、人类面临新挑战的大背景下，网络思政给思想政治教育者带来了哪些新课题？

对网上舆论的正确处理；擅长识别、筛选网上资讯；掌握使用互联网的主动权，预防和克服“网虫”“网瘾”的趋势；要正确处理大量的信息，防止和克服信息的异化。

案例 36

主旋律网络电影来了*

【案例内容】

长期以来，网络电影与主流文艺彼此平行发展：玄幻、盗墓、悬疑以及二次元构成网络电影的主要题材，其衍生出的粉丝社群多形成具有圈层壁垒的青年亚文化。然而，以《毛驴上树》《浴血金刚川》

---

* 杨光影，朱磊．主旋律网络电影来了［J/OL］.（2022－01－10）［2022－03－10］. https：//baijiahao. baidu. com/s？ id＝1721547717531674348&wfr＝spider&for＝pc.

等为代表的主旋律网络电影破防，成为网络文化中的热点。

观影平台已经成为以电影为视觉纽带的网络社区，弹幕、评论留言成为社区互动的主要仪式。“泪目”“致敬”以及最近流行起来的“破防”成为主旋律网络电影的热门弹幕，从中可以管窥主流意识形态正在潜移默化地主导网络社区成员的思想观念。

【问题导引】

一、选择题

1.（多选）互联网为人类活动与发展打开了__________新天地。

A. 人与自然关系的实践领域

B. 人与社会关系的实践领域

C. 人对自然界认识的实践领域

2.（多选）网络思想政治教育的形态具有__________类型。

A. 以网络介质为标准划分的形态

B. 以教育主体的状态为标准划分的形态

C. 以教育者与受教育者关系状态为标准划分的形态

D. 以网络与现实之间关系为标准划分的形态

二、思考题

1. 近年来网络电影的发展尤其是主旋律题材作品经历了怎样的发展历程？

2. 如雨后春笋般的网络主旋律电影获得了不错的风评，这反映了怎样的趋势与影响？

3. 持续不断上映的主旋律电影，会给大众的思想政治教育带来哪些影响？

【案例背景】

在以472.58亿元的票房排名居世界首位的情况下，中国电影业仍在以主题电影为主，如《长津湖之水门桥》《奇迹笨小孩》《狙击手》等系列，延续了近些年“家与国”主题的做法，在票房和口碑上都有所提升。与此同时，随着互联网上越来越多的正面力量，主题题材的作品也为互联网影片的发展提供了新的方向。

主题性的网络题材影片，让年轻人了解时代的伟大，理解人生的担当，理解自己的职责，同时也让主题文艺亲近青年、引导青年，是以青年为主体的互联网文化和以主旋律文艺为代表的主流文化的一次“相向而行”。

【主旨评析】

在这个互联网的年代，网络游戏已经成为了年轻一代最重要的休闲活动。主题性网络影片中的主要人物多是贴近生活的普通人，他们身上所流露出的奋斗、担当、奉献等品质，常常呈现出现实的人文关怀和历史担当，默默感染青年人，将其从想象逃离中唤醒，接收与传递网络正能量，青年是祖国和民族的未来，爱国、敬业、奋斗、担当是每一代青年人的价值追求，而主旋律网络电影恰恰能够引导和培养青年一代追求积极的价值观。

党的十八大以来，党中央重视互联网、发展互联网、治理互联网，并作出一系列重大决策，提出一系列重大举措，推动网信事业取得历史性成就。网络的积极能量日渐浓郁，网络文学修养不断提升，网络文学参与和建构的素质不断提升，他们可以从思想上接受网络电影故事，从情感上认同主旋律网络电影价值。所以，要加强对优秀的主题题材网络影片的推广，要引导年轻人树立正确的价值观念，把真、善、美的文化传承下去，并汇聚起一股强大的民族精神。

【启示解析】

网络电影在网络上呈现出越来越多的正面元素，其题材也为网络影片的发展提供了新的发展方向。网络主题影片在互联网上的普及，标志着由传统的网络文化走向主流的重大转变。当下，主流的网络文学也呈现出了主流的趋势。它的主流并不是僵化的，它扎根于网络社群而产生，它以主题性的网络影片作为网络社群的中心，网络社群成员们的组织与交互都以它的主要思想为中心。从整体上来分析，以主题为主的网络影片是一支新生力量，在当前的互联网环境中，网络社会的组织活动已经越来越多地进入了年轻人的日常活动。与其他主要文学形式不同，主题性的网络题材影片缺乏一种单一的倾注，它以对话为导向，以互动仪式为载体，以生动性、互动性、引导性和连续性为特征。

互联网影片和主题影片的融合既反映了时代潮流，又反映了人们对美好生活的追求。影视作品要想取得更好的发展，就必须坚持制作自己的主题作品和优秀的作品。主题性的网络影片，可以传递出坚定信念、奋斗担当的优良品格，可以调动年轻人的创新积极性，改变“佛系”“丧文化”等社会问题。

【问题解析】

一、选择题答案及解析

1. ABC　互联网能够对自然界进行虚拟的模拟和复制，使人们对自然法则的理解和掌握更进一步；互联网所营造的网络空间，扩大了传统社会的社会组织形式，形成了一个开放、扁平的社会格局；网络所构建的虚拟世界，为人们认识自己提供了大量的数字信息资源，也为人类的全面发展开辟了一个新的空间。

2. ABC　网络介质简单来说就是网络传播的载体或媒介，思想政治教育要实现主客体之间信息、知识、思想和价值观的传递。互动就必然通过一定的介质实现，伴随着互联网的普及和运用，思想政治教育的渠道和手段获得了拓展。在网络交互中，思想政治教育工作者应始终发挥其教育的主导作用。互联网在现实的基础上，实现了主体虚拟化，并为思想政治教育提供了宽松、安全、灵活的环境；在网上进行思想政治教育的过程中，思想政治教育工作者与被教育者之间的关系、状态、形式更为多样性。在网络虚拟社会中，思想政治教育者的指导作用和引领作用，成为做好网络思想政治教育的关键。所以，我们必须对教育工作者给予应有的尊重，积极参与网上活动，充分发挥自主学习的主动性。

二、思考题答案及解析

1. 近年来网络电影的发展尤其是主旋律题材作品经历了怎样的发展历程?

网络电影与主流文艺从“平行发展”步入“相向而行”。伴随着人们接受与判断网络文艺的修养不断提升、参与和建构网络文化的素养不断提高，能够从观念上接受主旋律网络电影故事、从情感上认同主旋律网络电影价值。进而延续着近年来“家与国”的题材创作方式，票房与口碑并进。

2. 如雨后春笋般的网络主旋律电影获得了不错的风评，这反映了怎样的趋势与影响?

从主流文化的网络化到网络文化的主流化这一重要转向已经开启。它们悄然感染青年人，将其从幻想逃离中唤起，接收与传导网络正能量是影视作品顺应时代的体现，也响应了人民群众对美好生活的追求。影视剧作品只有不断拥抱主旋律，制作优秀作品，才能走得更远、更好。

3. 持续不断上映的主旋律电影，会给大众的思想政治教育带来哪些影响？

有利于引导和培养青年一代追求积极的价值观，引导青年树立正确的价值观，弘扬真、善、美的文化，为中华民族的伟大复兴凝聚精神力量。潜移默化地主导网络社区成员的思想观念。有利于增强大众的认同感，包括对于中国共产党领导的认同、对于国家民族的认同、对于为人民和国家奋斗的人物精神力量的认同。

案例 37

要“出圈”，不要“饭圈”*

【案例内容】

短短半年内，东京奥运会、北京冬奥会相继举办，多位“顶流”体育明星凭借优异成绩频频“出圈”，不少网友表示“这才是值得追的星”。不过，在运动员群体成为全民新偶像的同时，跟拍、上门直播、私信骚扰、粉丝群体互撕等侵犯运动员个人隐私、干扰运动员训练和赛事运行的不良“饭圈”行为逐渐露头，成为潜在风险。如何既让运动员“出圈”出彩，又防范“饭圈”文化侵蚀体育领域，值得思考。

---

* 吴燕霞，李晓婷，赵宇飞．要“出圈”不要“饭圈”，警惕“饭圈文化”侵袭体育［N/OL］.（2022－03－01）［2022－03－20］. https：//m. gmw. cn/baijia/2022－03/01/1302825265. html.

【问题导引】

一、选择题

1.（多选）网络内外思想政治教育具有__________联系。

A. 教育者的贯通性

B. 教育者与教育对象的平等性

C. 教育对象的相通性

D. 教育规律的共通性

2.（多选）网络思想政治教育媒介，是指能够运输和转移思想政治教育的__________，把思想政治教育主体和客体联系起来的一种物质存在形式。

A. 信息

B. 知识

C. 思想

D. 价值观

二、思考题

1. 你是怎样看待“饭圈文化”的？“饭圈文化”给你的生活带来了什么影响？

2.“饭圈文化”侵蚀到体育竞技领域这一乱象，需要思想政治教育者如何开展正确引导？

【案例背景】

近年来，中国运动员每逢重大赛事总能斩获佳绩，公众对运动员的关注度也随之显著提升。同时，运动员因表现出色，还收获了大批

“粉丝”。但“粉丝”们的关注点已从体育竞技本身转向运动员的外表、商业代言和私生活，甚至有的人还会发布一些与运动员体育竞技无关的话题来蹭体育赛事的热度，频频抢占网络热搜榜，评论区也大有“饭圈化”的趋势。

【主旨评析】

“粉丝”力量是把“双刃剑”，用好了能为体育运动发展提供强大动能，用不好会产生种种乱象。当公众一味地用崇拜商业明星的方式崇拜体育运动员，当粉丝不顾社会秩序引发追星闹剧，当饭圈“口水大战”被带进体育圈，当比流量、拼热度成为常态，追星就失去了原本的积极意义。因此，体育明星与体育媒体应密切配合，正确引导“粉丝”力量，正确引导舆论导向，这样才有利于把体育推向大众。

【启示解析】

一些“流量明星”及其背后的运营团队，正致力于建立和运营“饭圈文化”，获取关注的眼球，向他们传播拜金主义、享乐主义、消费至上等错误思想，从而对年轻人产生了错误的价值取向。在这一大环境下，各种炒作手法层出不穷，不断地催生和滋长着“网络暴力”，侵蚀着互联网的生态，给青少年带来了极大的危害，同时也将“饭圈”推向了一个“怪圈”。明星是公众人物，他们的一言一行都应该树立良好的榜样，特别是那些有着大量年轻粉丝的“流量明星”，更应该以身作则，自我约束，将关注当作一种压力，将高人气变成力量，主动承担弘扬主旋律、传播正能量、引导正确价值观的职责，真正起到带头和示范作用，让人气回归正轨。现在的明星效应，不可能长久地持续下去，那些热衷于“流量”的艺人，也不过是一枚“流星”而已，当“流量”彻底消退之后，就会被时代所取代。唯有对行业的敬畏，对观众的真心，不断提高自身的“软实力”，并力求做出具有典型性的“硬作品”。

“饭圈化”的运动风气是不能长久的。娱乐行业的明星效应并不适合于体育行业，因为选手们的成绩是通过努力和汗水换来的，而不是通过包装获得的。目前，国内体育行业正积极推进“出圈”，防范“饭圈文化”的冲击，反映了目前体育行业供需失衡，专业化品牌塑造不足，赛事运营管理有待提高等问题。一些平台、媒体等对比赛内容、形式缺乏深入的了解，就把注意力转移到了其他方面。所以，如果各大体育组织和新闻媒体能够在对比赛进行更加专业化的宣传和讲解的前提下，对运动员的权益也能起到很大的保护作用，并能有效地降低对网络舆论的冲击。我国体育产业长期忽略了对运动员应对公众和媒体能力的培训，也导致了选手们在一夜成名后的茫然不知所措，而目前的社会环境也需要选手们学会如何处理公关问题，让他们和自己的粉丝保持良好沟通的同时也可以让他们的情绪得到正确的回应。而作为粉丝们最重要的追星平台，各大网站也要加强自身的自律性，给比赛和网络交流创造一个清新的氛围。

【问题解析】

一、选择题答案及解析

1. ABD　尽管思想政治教育者出现了一些与网内与网外不同的新特征，但作为教育者的本质规定性没有发生改变，因而二者是贯通的。网内和网外思想政治教育的对象也具有相通性，从不同的年龄层次上讲，青少年是思想政治教育的主要内容；从培养学生的思想政治素质的角度来看，二者具有同样的特点。网内思想政治教育的基本矛盾没有改变，社会存在基础没有改变，现实思想政治教育中形成的具体规律和规则在网内仍然使用，因此二者具有共通性。

2. ABCD　本题考察的是对于思想政治教育网络介质的理解。

二、思考题答案及解析

1. 你是怎样看待“饭圈文化”的？“饭圈文化”给你的生活带来了什么影响？

资本热衷于打造和经营“饭圈文化”，“控评”“互撕”“人肉”等各种炒作手段无所不用其极，不断滋生和助长网络暴力，污染网络生态，荼毒年轻受众，也让“饭圈”一步步走向“怪圈”。“流量明星”更要以身作则，体育“饭圈文化”之风不可长。在日常的学习生活中，我们也要借鉴和学习正能量的榜样。

2.“饭圈文化”侵蚀到体育竞技领域这一乱象，需要思想政治教育者如何开展正确引导？

我们应该学会如何甄别和挑选网络资讯。要增强个人的网上资讯素质，就必须加强对网络资讯的收集、甄别，以及辨识与处理网络资讯的能力。要加强对网络资源的合理利用，正确理解各种网络信息，增强识别力、判断力、免疫能力。加强网络信息对人类发展的推动作用，使其形成清醒的信息主体、正确的信息观念，准确地掌握信息的目的和需要，并认识到有效信息对于个人行为和个人发展的重要性。

第九章

思想政治教育的环境

案例38

透过“冰墩墩”，感受可爱的中国*

【案例内容】

2022年北京冬季奥运会的吉祥物——“冰墩墩（Bing Dwen Dwen）”。其造型以中国“国宝”大熊猫的及冰晶外壳为主体，配以彩色光环，造型酷似宇航员，充分展示了冬季冰雪运动与现代科学技术的特色。这是一种充满活力和真诚的融合，给人一种纯净和强大的感觉，是奥运健儿们顽强的意志，奥林匹克精神的激励，以及对创新与未来的追求。“冰墩墩”的优秀品质在中西文化的共同影响下产生了共鸣。

---

* 高文成．透过“冰墩墩”，感受可爱的中国［N/OL］．（2022－2－10）［2022－03－20］．https：//baijiahao. baidu. com/s？ id＝1724277742579078305&wfr＝spider&for＝pc.

【问题导引】

一、选择题

1. （单选）＿＿＿＿＿是社会主义意识形态的根本表现。

A. 民族精神

B. 社会主义核心价值体系

C. 时代精神

D. 荣辱观

2. （单选）思想政治教育工作是一个特别的＿＿＿＿＿过程。

A. 实践活动

B. 认识活动

C. 思维活动

D. 管理活动

3. （单选）＿＿＿＿＿是维护祖国统一、增强民族认同和提高民族凝聚力的基础。

A. 民族进步

B. 民族平等

C. 民族精神

D. 民族团结

4. （单选）价值观自信是＿＿＿＿＿最基本的表现。

A. 制度自信

B. 道路自信

C. 文化自信

D. 理论自信

5.（单选）__________是一个国家和民族的精神所在。

A. 经济

B. 文化

C. 政治

D. 制度

二、思考题

1. 你觉得为什么“冰墩墩”形象设计能够引起人们喜爱？

2. 对比2008年和2022年的吉祥物，探讨这背后折射出的中国传统文化魅力。

3. 你觉得中国文化与奥林匹克精神在“冰墩墩”中是怎样显现的？

【案例背景】

北京冬季奥林匹克运动会吉祥物国际征集活动于2018年8月8日开始。2022年北京冬季奥运会吉祥物“冰墩墩”在2021年9月17日晚上正式登场。这款吉祥物是以熊猫为原型，融合了充满活力的冰晶外壳，展现了冬季冰雪运动与现代科学技术的特色。在冰墩墩的左手掌心，有一个爱心的形状，象征着东道主对世界各地的朋友们的热烈欢迎。整个形象与宇航员相似，寓意创造非凡，探索未来，追求卓越，引领时代，展望未来。2022年2月4日晚，“冰墩墩”亮相2022年北京冬季奥运会开幕式；2月5日下午，北京冬奥会首枚金牌在国家越野滑雪中心诞生，获得前三名的运动员收获了专属定制“冰墩墩”纪念品。颁奖纪念版吉祥物“冰墩墩”“雪容融”藏有一处巧思。“送给运动员的纪念版吉祥物，金色的外圈其实是中国传统的‘岁寒三友’松、竹、梅，再次体现了中国文化。”北京冬奥会吉祥物设计团队负责人曹雪透露。

【主旨评析】

冰墩墩的“爆红”，可以看作国货崛起的又一生动写照，其背后则是国人日益增强的文化自信。这与中国经济快速发展，综合国力不断攀升，以及当代青年民族自豪感和文化认同感与日俱增的变化息息相关。一方面，国人消费观念逐渐从追求“洋品牌”到热衷“中国风”，为中国自主品牌发展提振了巨大市场信心。另一方面，各类国货品牌通过挖掘中国传统文化，不断进行融合设计和自主创新，频频引领了一阵阵“国潮”新风尚。正如在朋友圈疯狂“打 call”冰墩墩一样，买国货、追国潮已经成为“90 后”“00 后”等年轻人表达生活态度、获取价值归属的一种方式。

【启示解析】

熊猫是我们的国宝，它是独一无二的，不论谁看到熊猫都会想起中国，这是毋庸置疑的；灯笼则以“中国红”为主色调，代表喜悦、温暖。“冰墩墩”所代表的亲和和热情、友好和自信；“雪容融”代表友爱、勇气和坚强，他们向全世界讲述着一个我们真实可信的中国，彰显了我们中国文化的软实力。“冰墩墩”和“雪容融”诠释了科技精神和人文情怀，是中华文化和奥林匹克精神的又一次完美结合。

吉祥物的征集活动历时 84 天，收到设计方案 5816 件，这无不体现了中国民众对冰雪运动的热爱和对冬奥会的期待。

中国文化潮流兴起于文化自信、民族自信，还需要厚植制度的沃土，才能在五千年文明的滋养中结出更多文化硕果。近年来，我国出台了一系列相关产业政策和指导意见，持续加大对文化产业、科技创新领域企业和文化创意人才的扶持力度，推动文化产业与物联网、大数据、人工智能、第五代移动通信技术（5G）等新技术加速融合，为文化产业发展提供了坚实保障。

面对公众日益增长的文化需求和精神追求，要持续深挖中华优秀传统文化这座宝藏，着力打造系统完备、百花齐放的文化产业链。同时，加强知识产权保护，创造有利于文化新品牌、新业态公平竞争的市场环境，鼓励和吸引文化设计师和关键技术人才投身“国潮”，不断擦亮中国文化的“金名片”，才能站在风口浪尖上，乘风破浪。当今世界，中国正处于一个不可逆转的时代，世界各国对认识中国的愿望越来越强烈。让我们乘着北京冬奥会的“浩荡东风”，带着更多“冰墩墩”“雪容融”们“组船出海”，向国际社会讲好中国故事，传播中国文化。

【问题解析】

一、选择题答案及解析

1. B　本题考查的不仅是社会思想的实质，更是社会主义先进文化的精华所在，它决定了中国特色社会主义发展的走向。

2. A　其具体的实践是从改造人类的主观世界出发，推动人类的心灵发展，促使人类对客观世界进行更好的改造。

3. D　由于中国是一个多民族的统一国家，不同的民族在不同的历史发展中形成了不同的文化。所以，加强国家凝聚力对中国来说尤其重要。

4. C　我国独特的文化传统，独特的历史命运，独特的基本国情，决定了我们必须坚持具有中国特色的价值观念。

5. B　文化自信是一个国家和民族发展的最根本的、最深刻的、最持久的力量。

二、思考题答案及解析

1. 你觉得为什么“冰墩墩”形象设计能够引起人们喜爱？

首先，“冰墩墩”的形象是以我们国家的国宝熊猫为原型，它是中华最具有代表性的一种中国文化的象征。圆滚滚、“卖萌”的熊猫不仅在国内很流行，在国外更是因为大熊猫的稀少而拥有了无数的“粉丝”。

其次，除了作为文化元素的熊猫，“冰墩墩”与冰丝带的组合也体现出了冰雪的特点，同时也体现出了现代与科技的设计。

最后，“冰墩墩”的形态多种多样，在花样滑冰、高山滑雪、冬季两项、雪车等各种不同的项目中，“冰墩墩”将以各种动作姿势展现出来，使它的可爱形象更加丰满。而且，随着北京冬季奥运会的正式开幕，“冰墩墩”也不再是以前的静态形象了，“冰墩墩”这个“动起来”的人物，在表演的时候更加“卖萌”，更能赢得观众的芳心。“一墩难求”的现象，不仅是一种吉祥物的流行，更是一种“圈粉”的中华文化，因此引起大众的喜爱。

2. 对比 2008 年和 2022 年的吉祥物，探讨这背后折射出的中国传统文化魅力。

“福娃”作为 2008 年奥运会的吉祥物，每一只都有一个中文的名字——“贝贝”“晶晶”“欢欢”“迎迎”“妮妮”，谐音相连起来寓意“北京欢迎你”。五只福娃的原型与发饰包括海洋，森林，火焰，大地与天空的联系，其造型和颜色源自中国广袤的山水和人们所钟爱的动物；源自奥林匹克符号，包括鱼、大熊猫、藏羚羊、燕子、奥林匹克火炬、奥林匹克五环，其设计灵感来源于中国传统文化五行与五福，且当代奥运五环象征五大洲的和谐，有着中国的深厚的吉祥文化内涵。每一只福娃都是一种祝福：繁荣、欢乐、激情、健康、好运，中国人民对它的祝福和热情，向全世界发出了齐聚北京的邀请，以及欢庆

2008 年奥林匹克盛会的愿望。

2022 年北京冬奥会的吉祥物——“冰墩墩”具有鲜明的“记忆符号”，不拘泥于性别，不拘泥于肤色，熊猫、冬奥会、爱心、冰雪运动、5G，用现代的文化语言，被世界所接受。可爱的熊猫一直以来都是和蔼可亲、热情好客的民族特征的鲜明体现，而“冰墩墩”则是一种和谐、友善的象征，它象征着与世界共享，与世界融为一体。“冰墩墩”不仅是奥运记忆的载体，更是全球共同的记忆符号。

3. 你觉得中国文化与奥林匹克精神在“冰墩墩”中是怎样显现的?

“冰墩墩”的总体形象是中国的国宝——大熊猫，是一种极具代表性的意象，任何人见到，都会明白这是中国的象征。“冰墩墩”代表着冬季奥运会运动员们强壮的身体、坚韧的意志和鼓舞人心的奥林匹克精神，也是冬奥会上各国、各地区运动员之间联系的纽带。众所周知，奥林匹克的精神体现了和平的、友好的、平等的竞争，同时也是各个国家（地区）之间的友谊的体现。在冬季奥运会期间，中国作为东道主，对所有前来参加冬季奥运会的运动员都给予了应有的礼遇，展现出了强大的实力。

案例 39

美丽人生*

【案例内容】

《美丽人生》是一部有关二战的影片，1998 年获得奥斯卡奖。此

---

* 佚名.《美丽人生》影评［Z/OL］.（2022－08－26）［2022－09－10］. https：//movie.douban. com/review/14608901.

片以德国法西斯残忍屠杀犹太人为背景，讲述了一个犹太人与一位美丽的意大利姑娘的爱情故事，以及这位犹太人在他儿子身上展现出伟大父爱的故事。

影片的题目《美丽人生》，具有双重含义。一方面，对于儿子的人生来说，父亲对儿子撒下的美丽的谎言保护了儿子，让年幼的儿子没有目睹这场惨绝人寰的大屠杀，而是以游戏的方式逃过了这一劫难，从而把“美丽人生”给了儿子。另一方面，对于父亲来说，他的一生也可以说是“美丽的一生”。首先作为丈夫，他爱他的妻子，他的妻子也深深地爱着他，因此他的爱情是美满的；其次作为父亲，他用一种巧妙的方法使儿子幼小的心灵免受伤害。

二战时期，有600多万犹太人遇害，这是一部真正的血泪史，他们比任何人都有理由哭泣。而幸存下来的犹太人，他们大多目睹了亲人的惨死，亲身经历了惨无人道的酷刑，心灵的创伤将伴随他们一生。但这些都不会发生在约书亚身上，因为他的父亲用自己的生命与智慧换回了他的美丽人生。有时候，挽救一颗心比挽救一条生命更难也更重要。父亲圭多用生命告诉儿子约书亚，生命是美好的，哪怕一时被黑暗笼罩，我们依然能够找到美之所在。

【问题导引】

一、选择题

1.（单选）思想政治教育环境的__________是指其构成要素的多元化性质。

A. 多样性

B. 多重性

C. 可变可创性

D. 潜移默化性

2. （多选）思想政治教育根据环境的组成因素属性为标准，可以将其划分为__________。

A. 自然环境

B. 宏观环境

C. 社会环境

D. 微观环境

3. （单选）在以下的社会思想政治教育情境中，属于微观情境的是__________。

A. 社会文化

B. 经济制度

C. 政治制度

D. 学校环境

4. （单选）当前，思想政治教育的目的就是要培养有理想、__________、有文化、有纪律的人才。

A. 有道德

B. 有素质

C. 有技能

D. 有品质

5. （单选）__________是网络空间领域各方面要素总和。

A. 互联网内思想政治教育环境

B. 思想政治教育虚拟环境

C. 互联网外思想政治教育环境

D. 思想政治教育现代环境

二、思考题

1. 请观看电影后谈一谈电影中你印象最为深刻的是哪一个情节？

2. 这部电影一经上映就引起了轰动并斩获了多个奖项，你如何评价这部影片？

3. 你怎样看待思想政治教育环境的选择与建设？

【案例背景】

《美丽人生》是一部由罗伯托·贝尼尼执导，罗伯托·贝尼尼、尼可莱塔·布拉斯基、乔治·坎塔里尼等主演的剧情片。1997 年 12 月 20 日，该片在意大利上映。

影片以乐观的精神对待人生的丑恶，以喜剧的形式反衬出二战时残酷黑暗的纳粹统治和集中营生活，出人意料地从陈旧的创作素材中挖掘出了新鲜的内容，这样的表现手法在这部影片之前是很少见的，影片也以其独特的风格和深邃的内涵赢得了全世界的掌声。1999 年，这部电影荣获第 71 届奥斯卡奖最佳外语片、最佳男演员、最佳配乐三个奖项。2020 年 1 月 3 日，《美丽人生》4K 修复版在中国内地上映。

【主旨评析】

作为一部反战主题的影片，《美丽人生》没有用冰冷、血腥和暴力去展示德国军队对犹太人的迫害，而是将真实发生过的那些残酷事件，都克制、内敛地掩藏在了圭多与妻子、儿子的爱情、亲情背后。一个父亲为了守护儿子心灵的美好做出了伟大的牺牲，我们可以说《美丽人生》用喜剧的方式去讲述了一个悲剧的故事。

【启示解析】

1. 环境是可以创设和优化的。《美丽人生》这部电影中，罗伯托·贝尼尼饰演的犹太父亲圭多，在被剥夺了人性的集中营里，他用父亲的名义为自己的孩子编织了一个游戏的谎言，在他的努力下，这个世界充满了光明，他担心自己孩子的童心会因为战争受到伤害，因而做出了许多可笑的举动，在笑声中，所有的听众都被深深地打动了。电影以悲情结尾，实则铸就了最有深度的喜剧，面对环境我们不是无能为力的，通过积极的建设，每个人的生活都是五彩缤纷，心中如有太阳，哪里都有光。电影作为一种大众的文化娱乐方式，具有广泛的群众参与性，可以通过一部好的影片去挖掘其背后所具有的思想政治教育意义、所传达的思想观念和所蕴含的人文精神。

2. 文化氛围的营造，在潜移默化地影响着人们的道德修养。社会和文化环境对大学生思想政治教育的作用主要表现在各方面因素和它们之间的联系上。良好的社会文化环境对思想政治教育影响的主要表现为：一是给思想政治教育者提供大量现实的、丰富生动的教育资源，充实新的教育内容，提供新的教育方式，满足受教育者对思想政治教育的期待。二是给思想政治教育者提供良好氛围。思想政治教育的良好氛围本身就富有教育性，即环境的感化、育人作用。思想政治教育离不开文化环境，良好的社会环境可以强化和巩固思想政治教育的功能和效果。

【问题解析】

一、选择题答案及解析

1. B　在组成成分中，既有科学成分，也有含有错误成分。其中既有先进的，也有落后的；它包含了正负两方面因素。

2. AC　根据环境的范畴，将思想政治教育环境分为宏观环境、中观环境和微观环境；根据其组成元素的性质，将其分为自然环境与社会环境两大类。

3. D　本题主要考查微观环境的范畴，思想政治教育的微观情景又称为小环境，一般指家庭、学校、街道、社区、单位等小范围的环境。

4. A　当前，高校思想政治教育的目的是培养具有理想、道德、文化、纪律的“四有新人”，培养德、智、体、美、劳全面发展的社会主义接班人。

5. A　网络外部的思想政治教育情境，是物理空间要素的综合；网络空间内的思想政治教育环境，是网络空间领域中各个方面的综合要素。

二、思考题答案及解析

1. 请观看电影后谈一谈电影中你印象最为深刻的是哪一个情节？

圭多在最后一次跟儿子谈话时，把孩子放进箱子里，嘱咐他别说话，也不许发出任何声音，直到彻底安静下来后才能出来，体现出父亲的伟大和深沉。圭多在寻找他的妻子时，被纳粹分子逮住，当他经过他的儿子藏着的箱子时，他向儿子挤眉弄眼，然后迈着夸张滑稽的步伐，试图使他的孩子内心不受伤害。圭多最终被枪杀，而孩子最后见到了父亲承诺的坦克，而他并不知道自己的父亲已经去世。

2. 这部电影一经上映就引起了轰动并斩获了多个奖项，你如何评价这部影片？

影片中的乐观机智的男主角令人钦佩；可爱、勇敢、大眼睛的小男孩让人难以忘怀；女主角为爱而逃婚，后来又跟随丈夫和儿子去集中营，也是一件令人心酸的事情。这部片子很有趣，很感人，前半部分充满了欢乐的笑声，而后半部分，却是一片含泪的笑容。这让我们见识到了一位好爸爸，知道了什么是真的父爱。

影片中的某些小细节也令人赞叹导演的创意。电影为何要以这样一种喜剧的表演方式来描绘那些令人痛苦的年代，而导演的目的就是要表达一种更深刻的想法，使观者不至于陷入一种肤浅的情感之中。影片以一种荒诞的心态去面对人生的荒谬，用一种积极的态度去看待人生的丑恶，用喜剧的形式呈现出黑暗、残酷的纳粹统治和集中营的生活。出人意料的是，能够从陈旧的素材中发掘到新的事物，这种表达方式在以前是非常罕见的。

3. 你怎样看待思想政治教育环境的选择与建设？

环境的复杂性和多样性决定了其需要的环境因素，其组成成分多样、错综复杂，其影响因素也是随社会发展而变化的。当代大学生的思想政治教育应该以培养有理想、有道德、有文化、有纪律的新一代青年为对象。环境因素的选择应基于对环境的改造与优化。

在思想政治教育环境建设方面，首先，要营造具有社会主义特征、时代特征和现实特征的良好氛围；其次，要营造良好的物质条件，这是开展思想政治工作的物质基础；最后，积极引导和推进思想政治工作，营造良好的心理环境。

案例40

为致富铺路，就是为海洋减压*

【案例内容】

2022年2月17日，一个消息从浙江省象山县传来：梅童鱼首次在国内实现全人工养殖。

和野生大黄鱼一样，多年的高强度捕捞，使东海野生梅童鱼日渐稀少。为此，国内多所科研院校都在攻关人工养殖。现在，终于实现

* 曾毅．为致富铺路，就是为海洋减压［N/OL］．光明日报，2022-02-20（01）．

了孵化、繁育、养殖全过程的全人工繁育。

渔民林永奎关注的则是另外一条消息：预计一两年后可形成规模化养殖。“这样的话，我们转岗渔民就又有一条致富路了。为致富铺路，就是为海洋减压。”他的话很有道理。

同样是从海上“上岸”，宁波市奉化区的周仁表选择开起了农家乐，宁海县强蛟镇峡山村的尤思恩夫妇开起了海产品店，宁波市镇海区澥浦镇的张威则凭借渔光互补发电项目，从靠天吃饭的出海渔民变成了新技术加持的渔户。

【问题导引】

一、选择题

1.（单选）思想政治教育工作的根本目的是要做到__________。

A. 推动社会文明发展

B. 促进人的全面发展

C. 实现共产主义

D. 促进社会精神文明建设

2.（单选）思想政治教育的成效要从目标对象__________的改变中得到反映和检验。

A. 思想品德

B. 价值观念

C. 行为习惯

D. 思想行为

3.（单选）以__________为核心的时代精神，蕴含着解放思想、实事求是、与时俱进、求真务实等内容。

A. 创新发展

B. 创新创业

C. 敢为人先

D. 改革创新

4. （单选）思想教育管理载体的根本功能是________。

A. 育人

B. 宣传

C. 控制

D. 管理

5. （单选）思想政治素质的形成与发展是建立在________的基础上的。

A. 家庭环境

B. 学校教育

C. 人际交往

D. 社会实践

二、思考题

1. 你怎样理解“为致富铺路，就是为海洋减压”这句话？

2. 自然资源对思想政治教育有哪些影响？

3. 我们如何协调保护生态环境与经济发展的关系？

【案例背景】

21 世纪以来，我国的海洋经济得到了巨大的发展，其规模不断扩大，类型不断增多，工业结构得到了明显的改善，社会经济效益也得到了极大地提高。海洋经济在国民经济发展中的地位越来越突出，对我国尤其是沿海地区的经济发展起着举足轻重的作用。实施海洋开发，提高海洋开发、控制和综合管理能力，发展海洋经济，对扩大生存和发展空间、缓解资源特别是能源压力和培育新的经济增长点等具有重要作用，是促进我国经济可持续发展的关键性战略工程。

【主旨评析】

浙江省沿海地区安排上岸渔民从事养殖渔业、渔旅融合、休闲农业，既保护了大黄鱼等渔业资源，又让转岗渔民有了新的致富路，一举两得。不统筹考虑发展与生态、保护与民生之间的关系，只是一味封堵，结果只会是事倍功半、事与愿违。保护海洋生态，归根到底是为了民生，也只有统筹民生，才能巩固和加速海洋渔业资源的恢复，最终实现可持续发展。

【启示解析】

人与自然界之间的关系向来都是相互依赖共同发展的，然而随着社会的发展，人们片面的注重经济发展，而无视自然环境的保护工作，对自然资源过度的开采利用，使自然环境恶化。自然是生命的母亲，人与自然是共生关系，人类必须敬畏自然、尊重自然、顺应自然、保护自然。我们要坚持人与自然的和谐共处，牢固树立和落实“绿水青山就是金山银山”的思想，发动全社会的力量，推动生态文明建设，共同构建一个美好的中国，让人们在绿水青山中享受自然、生命、生活的美，走出一条生产发展、生活富裕、生态良好的文明发展道路。

对思想政治教育自然环境的探究，一方面，有利于通过人的实践活动来维护自然环境的发展；另一方面，对学生进行思想政治教育，其教育情境活动的优劣也是提高其效果的重要因素。

生态是一个整体的自然体系，要从整体上保护、宏观调控、综合治理等方面综合考虑。增强生态系统循环能力，达到一定的平衡能力后坚持自然恢复，最后就能实现青山常在、清水长流、空气常新。

生态环境的保护是经济发展的先决条件和基础，而生态环境是经济发展的重要保证。生态环境保护工作越是处在翻山越岭、滚石上山的紧要关头，必须始终保持战略定力，不动摇、不松劲、不开口子，把发展与环保结合起来，走出一条良性循环、可持续发展的绿色生态之道①。

【问题解析】

一、选择题答案及解析

1. B　大学生的全面发展是高校德育工作的基本目标。

2. D　思想政治教育的实施成效，不能单纯地从教育主体的状态、内容、方法、手段等方面来反映和检验，而要从受教育者的思维和行为的改变中去反映和检验。

3. D　本题主要考察对于时代精神的理解。

4. A　无论是何种形式的思想政治教育载体，其基本作用都是“育人”。

5. D　人的思想和政治素质的形成、发展和变化，是以社会实践为基础的，是在客观的外在环境和内在的因素的相互作用和协调中形成的。

二、思考题答案及解析

1. 你怎样理解“为致富铺路，就是为海洋减压”这句话？

① 孙玉梅. 党建引领生态文明建设：实践·成效·启示［J］. 中共云南省委党校学报，2020（01）：93－97.

国内多所科研院校研究实现梅童鱼的人工繁殖技术，同时浙江省沿海地区安排渔民上岸从事养殖渔业，还将渔业和旅游业相互融合，创办农家乐实现休闲农业，一举两得，既保护了海洋自然资源、减轻海洋压力，又促进经济发展。

2. 自然资源对思想政治教育有哪些影响？

第一个方面，自然环境影响人的思维。人们的心理和情绪往往受到自然环境的影响，而季节、气候、地形、声音、空气等都会对不同的人产生不同的影响。此外，还可以透过自然环境来激发个人的爱国情怀与民族身份。例如，在当前的社会环境中，由于某些自然资源的耗竭而引发的社会问题，也间接地影响着人们的思想政治教育。另外，有些自然灾害会使人产生不安和焦虑，从而干扰个人的正常生活。

第二个方面，关于自然环境对思想政治教育的影响。在某种程度上，由于自然环境的制约，思想政治教育受到平原、高山等因素的制约，平原交通便捷、交往频繁，人们常常通过各种活动来拓展自己的眼界，形成新的观念，而生活在高山峡谷里的人们的思想观念往往较为闭塞。在进行爱国主义教育的时候，美丽的风景、名山大川会激起人民的骄傲和爱国情绪。

3. 我们如何协调保护生态环境与经济发展的关系？

生态环境保护与经济发展之间存在着辩证的联系。生态环境保护与经济发展并非矛盾与冲突，而是一种辩证统一的关系。要实现生态保护和经济发展，就必须坚持“绿水青山就是金山银山”的理念，坚持发展中保护、保护中发展、促进转变人民生活方式，实现了经济效益和社会效益的最大化。生态文明与经济发展是相互促进的，必须坚持生态优先、绿色发展，实现经济发展与生态文明的有机统一。

案例 41

海花岛事件：生态底线岂能失守*

【案例内容】

海花岛位于海南省西北边的儋州市，填海面积约 7.8 平方公里，相当于 1/4 个澳门特区的大小，是 HD 集团计划耗资 1600 亿元建造的超大型文旅综合体，项目设计包含三座独立的离岸人工岛，规划平面形态为盛开在海中的三朵花，故取名为“海花岛”。

被定性为违法建筑的 39 栋住宅，位于海花岛 2 号岛东北角的 2－14－1 地块，属于 2 号岛的三（六）期项目，原规划为住宅。

2021 年 1 月 27 日，中央纪委国家监委网站发布的《纠治“坐地生财”“借岛发财”防止工程建起来干部倒下去》指出，时任儋州市委书记张某，违规推动海花岛项目，涉及填海总面积 783 公顷②。在他的极力推动下，儋州市政府及海洋部门通过“化整为零”的方式，将填海项目拆分成 36 个面积小于 27 公顷的子项目，使不过关的项目得以推进，该禁止的项目得以审批，造成大面积珊瑚礁和白蝶贝被永久破坏。违规填海埋下的隐患，是如今海花岛上被定性为违法建筑的 39 栋楼的根源所在。

---

* 郭兆晖．海花岛事件：生态底线失守［N/OL］.（2022－02－24）［2022－03－10］. https：//baijiahao. baidu. com/s? id＝1725627588354560469 8&wfr＝spider&for＝pc.

② 钟纪言．海南省委原常委、海口市委原书记张琦案以案促改工作启示［EB/OL］.（2021－01－27）［2022－03－10］. https：//www. ccdi. gov. cn/toutiaon/202101/t20210127_98793. html.

【问题引导】

一、选择题

1. （单选）思想政治教育__________，又称“大环境”，是指以社会为中心的内部环境和以全球为中心的外部环境。

A. 宏观环境

B. 自然环境

C. 中观环境

D. 微观环境

2. （单选）思想政治教育__________是围绕和影响人们思想、行为和思想政治教育的各种社会要素的总和。

A. 中观环境

B. 宏观环境

C. 社会环境

D. 自然环境

3. （单选）思想政治教育活动的核心环节是__________。

A. 教育准备阶段

B. 信息交流阶段

C. 外化应用过程

D. 理论内化阶段

4. （单选）存在于思想政治教育系统内部对于其他矛盾起着支配、制约作用的矛盾，称为思想政治教育的__________矛盾。

A. 主要

B. 根本

C. 具体

D. 基本

5.（单选）思想政治教育目标的功能是参与教育活动、反馈教育过程和＿＿＿＿＿。

A. 检验教育效果

B. 评价教育者

C. 体现教育效果

D. 适应教育规律

二、思考题

1. 你如何评价此次的“海花岛事件”？

2. 你怎样看待环境创设和思想政治教育之间的关系？

3. 建设优良的自然环境应该注意什么问题？

【案例背景】

自2017年中央环境保护督察组对海南省开展第一轮督察后，整个海南就掀起了一场“环保风暴”，海南省要求各市县对照中央环境保护督察组反馈意见中提及的多个违规违法人工岛项目实施“双暂停”（暂停建设、暂停营业）。在中央环境保护督察组数轮整治后，“填海造地时代”正式在海南省落幕，这与海南省整体的去房地产化政策也是一脉相承。

近日，海南省儋州市综合行政执法局公布了一份关于儋州市海花岛2－14－1地块39幢建筑的违法行为，因工程违规而获得的规划许可被吊销，责令其在10天之内拆除。违建易拆，因填海造岛而被永久破坏的大面积珊瑚礁和白蝶贝却难以恢复。

【主旨评析】

树立政绩、发展经济不能以破坏生态为代价，非法建筑让少数人获得不正当利益，却侵犯了大部分人民的合法利益，给环境、安全造成了极大的危害，而对法治的破坏也会对政府的公信力造成一定的损害。近几年，对非法建筑进行整治，既是维护规划权威，又是促进发展转型的必要手段，也是改善城市管理体制、改善人居环境、增强可持续发展能力的必由之路。在环保和发展建设之间，不能简单地要发展，更应注重环保，特别是针对填海项目，前期环评的重要性更要凸显。

【启示解析】

1. 从根本上看，海花岛事件凸显树立正确政绩观、扛起生态文明建设政治责任的迫切性。在海花岛事件中，各方显然没有绷紧保护生态环境的弦，规划环境影响评价和建设项目环境影响评价的功能失灵，环境影响评价替代方案缺失，公众参与不足。生态本身就是经济，保护生态就是发展生产力。党员领导干部要坚持抓经济建设和抓生态文明建设都是自己职责所在、初心所在的正确政绩观，坚持新发展理念，不能走以牺牲生态环境换取一时经济增长的老路。怎样才能使领导干部树立正确的政治和经济利益观念呢？必须建立科学、合理的考评制度，实行最严厉的问责制度，做到真、敢、严、终身问责。同时，筑牢环境影响评价防火墙，坚决杜绝建设项目环境影响评价未批先建。

2. 新时期以来，我们坚持生态利民、生态惠民、生态为民的方针，坚决地赢得了环境治理的胜利。面对今后，我们要切实贯彻“绿水青山就是金山银山”的思想，谨慎决策，谨慎用权。“人不负青山，青山定不负人”，只有敬畏生态，守护好绿水青山，才能赢得明天。

【问题解析】

一、选择题答案及解析

1. A　根据环境的范畴，可以将思想政治教育分为宏观环境、中观环境和微观环境三大类。思想政治教育的宏观环境，也就是一个大的环境，它的内涵是一个国家的社会和一个世界性的国际环境。

2. C　从环境因素的本质出发，可以把思想政治教育环境划分为自然环境与社会环境两大类。社会环境是指围绕着人们的思想、行为和思想政治教育的各种社会因素，并对其产生一定的影响。

3. B　本题考查对思想政治教育过程各环节的理解。在作出决策、确定方案后，教育者和受教育者就进入思想政治教育的实施阶段，信息交流阶段，这是思想政治教育过程的中心环节。

4. D　本题探讨了如何正确认识思想政治教育中的基本矛盾与具体矛盾。思想政治教育的基本矛盾是思想政治教育体系中的支配和制约矛盾。

5. C　教育对象在思想政治教育中的位置及其特征决定了其参与教育活动、反馈教育过程、体现教育效果等方面的功能。

二、思考题答案及解析

1. 你如何评价此次的“海花岛事件”？

发展经济不能牺牲环境，要以保护环境为先决条件，坚持和落实科学发展观，充分认识到对先进生产力的保护与发展。海花岛事件，因非法填海，造成周边自然生态环境严重受损，属不可取之举。

以环境为代价的一切发展经济行动，都是短期的、暂时的，是违背经济发展规律的。如果以破坏环境的手段来发展经济，不但会给人类带来严重的伤害，还会对经济发展产生一定的影响和限制。实践表明，只要合理地把握好环保和经济发展的关系，就能使两者得到有效的协同发展。

2. 你怎样看待环境创设和思想政治教育之间的关系？

环境是高校德育工作的外部条件，是高校德育工作的重要内容。

在实际工作中，学生的思想政治教育工作总是与具体的情况联系在一起，形成一种相互影响的关系：一是环境的制约，影响着思想政治教育的目标、内容、方法、效果，以及思想政治素质的形成和发展；二是环境的能动性，其主要目标是通过创造和优化环境来培养人们的思想、政治、道德素质，从而对环境起到积极的作用。

3. 建设优良的自然环境应该注意什么问题？

第一，要重视生态环境的保护。坚持以保护为中心，遵守自然环境自身的运作规律，防止和减少环境污染，减少对环境的损害，并使人们能够自觉地履行保护的环境义务。要树立尊重自然、顺应自然、保护自然的生态观念。

第二，治理环境，保护生态环境。控制污染源，降低污染的产生。

第三，发挥主观能动性来保护自然环境。例如，绿化、植树造林预防土壤侵蚀，净化空气，也能为当地人带来更多的收益。

第十章

思想政治教育的创新发展

案例 42

从“剧本杀”到沉浸式党史教育*

【案例内容】

2021 年 12 月 13 号，由瑶海团区委主办、七里站街道春华社区团支部协办的“红色剧本杀”，将“年轻态”融入党史学习教育，15 位青年团员们参加了此次活动，以场景重现、跨越时间的对话，重温峥嵘岁月，向革命先辈致敬。在游戏中，所有人都写下了自己的请战书，并且各自留下了最后一封家书，成为了一名“革命斗士”，亲身经历了保卫祖国的过程中所遭遇的种种困难。

通过这次活动，使全体团员们都获得了一次全新的学习机会，并

* 佚名．红色剧本杀——开启沉浸式党史学习教育新模式［N/OL］.（2021－12－14）［2022－03－10］. https：//www. sohu. com/a/508159667_121123678.

以此为契机，激发了全体党员群众的学习热情。

【问题导引】

一、选择题

1.（单选）下列不属于思想政治教育创新发展的主体条件是________。

A. 促进社会和谐发展的目标

B. 美好生活的内在需要

C. 创新队伍建设的方法

D. 教育者与受教育者关系平等化激发创新活力

2.（单选）为思想政治教育提供世界观与方法论指导的是________。

A. 伦理学

B. 教育学

C. 传播学

D. 马克思主义哲学

3.（单选）________的研究，尤其是德育理论的每次推动与更新，都会给思想政治教育工作注入一股生机。

A. 伦理学

B. 社会学

C. 教育学

D. 心理学

4.（单选）思想政治教育应该适应社会发展的需求，借鉴________的理论和方法，围绕解决实际问题进行深入的探讨，从而促进思想政治教育的改革和发展。

A. 伦理学

B. 社会学

C. 教育学

D. 心理学

二、思考题

1. 你有没有玩过剧本杀？第一次尝试剧本杀的时候它带给你什么样的体验？

2. 请你思考，我国通过多种方式创新党史教育形式，大力弘扬社会主义核心价值观的原因何在？

3. 在思想政治教育创新发展的途径方面，案例给了你哪些启示？

【案例背景】

“红色剧本杀”活动是思想政治教育新形式的一次有益探索。为青少年量身定制的“红色剧本杀”，就是希望让他们走出课堂，身心发动，感悟党史，感悟红色文化，赓续红色血脉，为思想政治教学拓展新的路径，也为企业输送剧本杀编剧、场景设计、表演等优秀人才，形成了三方共赢的局面。

【主旨评析】

“红色剧本杀”作为思想政治教育的创新形式，不仅回应了思想政治教育创新发展的时代要求，也丰富了思想政治教育创新发展的途径。“红色剧本杀”兼具文化娱乐和红色教育的双重使命，严肃活泼，以情动人、以理服人，能够把青少年的娱乐需求和党史教育结合起来，在活动中提升青少年对党史学习真切的感悟，更有利于青少年发挥学业专长，把知识、能力、情怀转化为社会内驱动力。

【启示解析】

1.“红色剧本杀”这一思想政治教育新形式带给参与者全新的体验，这不仅是一场游戏，也是我们回望过去、铭记历史的生动体验，是传承红色文化和革命精神的新方式。

2.“红色剧本杀”凭借着其独特的沉浸式体验拓展了思想政治教育的情境营造空间，通过对思想政治教育内容传播方式进行创新，提高了思想政治教育工作的实效。

3. 为充分发挥“红色剧本杀”的育人功能，需要在把握好青少年文化心理特点的基础上，通过保证红色剧本的数量和质量、有效连接思想政治理论课堂、开设线上专栏抢占网络市场等形式克服“红色剧本杀”发展的局限性，以更好地发挥其育人效果。

【问题解析】

一、选择题答案及解析

1. A　思想政治教育的创新发展必须尊重人与人之间的内在需要，要对加强教育者和受教育者的全面理解和掌握。

2. D　马克思主义哲学为我们的思想政治教育提供了一个新的视角和方法。

3. A　通过对道德伦理的考察，有助于人们认识到人的道德发展的根本规律和特征。

4. B　思想政治教育要立足于社会发展的需求，立足于对社会之间的内在联系，运用社会学的理论和方法，对解决实际问题进行深入的探讨。

二、思考题答案及解析

1. 你有没有玩过剧本杀？第一次尝试剧本杀的时候它带给你什么样的体验？

剧本杀具有很强的体验感，现场除了剧本本身以外，还有场景的布置、道具、服装、音效以及演员，仿佛穿越到了另外一个世界，演员与玩家的互动使人很快进入角色本身，亲身近距离感觉到剧本里的故事。例如，扮演一名侦探进行破案，与其他玩家交流互动，体验了推理的快感，最终提升了自己的成就感，也放松了心情。

2. 请你思考，我国通过多种方式创新党史教育形式，大力弘扬社会主义核心价值观的原因何在？

从国家治理制度和治理能力的现代化出发，培养和弘扬社会主义核心价值观，有效地将社会自觉统一起来，是我国治理制度和治理能力的一个重要内容。

在精神层面，核心价值观是精神支柱、行为指南，是丰富民族精神世界、建设民族精神家园的根本、决定性的重要力量。一个国家和个人是否能够正确地掌握自己，关键在于他们的核心价值观。从中国梦的宏伟目标出发，核心价值是一个民族稳定的关键因素，构建社会主义核心价值观，关系到国家的和谐稳定，关系到国家的长治久安。要实现“两个一百年”的宏伟目标和中国人民的伟大复兴，就必须具有普遍的价值观和共同的价值追求。

3. 在思想政治教育创新发展的途径方面，案例给了你哪些启示？

第一，继承和发展中华优秀的传统文化。要使中华传统文化得到创造性的转化和创新发展，就必须在继承优秀的道德教育传统的基础上，大力倡导社会主义核心价值观。

第二，在中国共产党的优秀传统中，发扬其创新精神。坚持人民主体地位，紧紧围绕中心工作开展思想政治教育，坚持党的群众路线，发挥各方积极性，形成教育合力。

第三，从有关的研究成果中汲取创意。例如，在教育心理学的基础上，把握青少年的文化心理特征，以达到更好的教育效果。

第四，以教学实践为基础进行创新，运用新媒体等方式拓展思想政治教育的途径。本案例通过对青少年进行“革命斗士”的角色塑造，使他们能够更好地体会到红色文化中的爱国主义精神。

案例43

互动式视频的互动新形式*

【案例内容】

近两年，我国互动式视频的形式开始被越来越多的创作者和用户所熟知。电子媒介能够促进不同情境分离合并，从而新情境的产生。从某种程度上看，互动视频提供的就是“互动+视频”产生的新情境体验。

互动式视频最吸引用户的特点在于，强化观众的互动体验。从互动类视频中无处不在的选择，帮助观众从此前的观看者，变成视频中的亲历者，根据角色的处境和个性来做出行动判断。从“看视频”变成“参与视频”，获得更深的参与感。与此同时，互动式视频是由众多“mini影集”构成的剧集，这也就意味着玩家做出的每一次选择只有较短的一段剧情，这样的设置看似“恼人”，但更符合现如今短平快的生产、生活和消费节奏，观众可以“即选即走”，无须消耗大量的时间在剧集上面。而这样的特性，也衍生出除了剧情类互动视频外

* 佚名．互动式视频的过去、现在和未来［N/OL］.（2021－11－27）［2022－03－05］. https：//www. jiemian. com/article/6855467. html.

更多的走向，例如，悬疑推理类、答题类等。以哔哩哔哩（bilibili）网站的“罗翔说刑法”账号为例，在设置问题后会留给观众思考和选择的时间，在观众做出选择后也会针对选择进行相对应的点评和分析。这样的形式，也为视频制作和知识传播带来了新的思路。

【问题导引】

一、选择题

1.（单选）__________是主导意识形态传播的主要途径。

A. 政治文化

B. 政治活动

C. 民主管理

D. 大众传媒

2.（单选）网内和网外思想政治教育之间的关系是__________。

A. 对立关系

B. 跨领域关系

C. 辩证统一

D. 一体两面

3.（单选）网内思想政治教育区别于网外思想政治教育的一个显著特征是具有更明显的__________。

A. 平等性

B. 交互性

C. 平等性

D. 快捷性

4.（单选）信息异化现象出现的根源在于__________。

A. 人自身

B. 信息

C. 互联网

D. 社会发展

二、思考题

1. 你认为视频互动的新形式对于新时代思想政治教育起到了哪些作用?

2. 请你思考，为什么会产生这些思想政治教育新形式?促使思想政治教育创新发展的条件有哪些?

3. 视频互动的新形式具有怎样的特点?应当怎样去推进视频互动新形式的发展?请你谈谈自己的想法。

【案例背景】

在数字新媒体时代下，互动视频的出现为广大受众人群带来了一种新型的视觉传达媒介。互动视频的特点以及剧情中丰富的情感元素、交互设计与互动视频的关系，为新时代思想政治教育创新发展提供了新途径，展现了新价值，提供了未来发展的新方向。

【主旨评析】

新时代数字媒体最大的特征就是自媒体、社交媒体的崛起，网络空间通过数字科技得以拓展出新的公共空间互动，并以其特有的方式为我国思想政治教育创造了新的、更为便利的条件。以短视频平台为例，人与人之间、集体与集体之间甚至国家与国家之间，互动性都大大加强了，彼此之间的交流也开始变得更为便捷。就当代大学生来说，这既是思想政治工作的一个契机，也是一个新的挑战。研究当代大学生的思想动力，必须从新的媒介视角出发，有利于拓展其研究的空间。

【启示解析】

1. 自治与自律相协同，积极吸收大学生参加网上思想政治教育工作。新媒体时代将“媒介范围扩大到人类生存的整体大环境”。娱乐、工作和生活边界消失，浸润其中的大学生获得网络赋权，他们获取信息、主张权利、表达思想的能力大大增加，仅仅把他们作为教育对象会让他们对思想政治教育工作产生排斥心理，吸纳大学生成为网络思想政治教育的主体，充分发挥他们的自治与自律作用，力求主导性与主体性相统一。

2. 传统媒体与新媒体相结合，优化高校学生网络思想政治教育的传播途径，媒介融合已经成为大势所趋，加强和改进新媒体时代网络思想政治教育载体，一是要充实传统网站类平台内容；二是充分发挥社交类平台的交互作；三是吸纳视频类平台的直播优势。以生活化、情感化、日常化、故事化的方式传播主流意识形态。以老师和学生乐于接受的方式和方法，把马克思主义的理论、路线、方略传达给师生。

3. 加强线上和线下的联系，加强高校网络思想政治教育队伍建设。在全媒体时代背景下，传统的线下和线上思想政治教育均需要与时俱进，大学生思想政治教育者也必须因势而谋、应势而动、顺势而为，全面提高自身水平。一是用网络技术赋能提升队伍网络素养；二是线上与线下相结合创新教育方式；三是积极培育网络思政教育的意见领袖，更好地引导新时代大学生树立正确的世界观、人生观、价值观，防止过度娱乐化。

【问题解析】

一、选择题答案及解析

1. D　在当代媒体中，除了党报党刊、通讯社外，还有电台电视台、门户网站等也成为中国共产党宣传的媒介，肩负着树立正确的舆论引导作用。

2. C　网内和网外的思想政治教育是一个相互联系、相互补充的辩证统一。网内思想政治教育是网外思想政治教育的基础与先决条件，网内思想政治教育是一种新型的教育形式，它对网络上的思想政治教育起到了很好的促进作用。

3. B　本题主要考查交互性是网络思想政治教育的显著特征，主体和客体在其中实现的思想、信息、情感之间的一种相互影响的关系。网络思想政治教育的互动性，使教育者和受教育者之间固有的身份认同发生了变化。

4. A　人作为信息的主体，是信息的生产者和创造者。然而，人在某些情况下不能正确地理解和处理人与信息之间的关系，因而失去了对信息的主动性，失去了对信息的控制，而信息又变成了对人类的“异己”。

二、思考题答案及解析

1. 你认为视频互动的新形式对于新时代思想政治教育起到了哪些作用?

视频互动的出现，为思想政治教育提供了新的交互空间，将受教育者群体带动起来深入体验剧情，从而促进思想政治教育进一步实现良好的效果。交互式影像的出现给广大观众带来了一种全新的视觉体验，为新时期的思想政治教育工作提供了新的思路、价值和发展方向。

2. 请你思考，为什么会产生这些思想政治教育新形式? 促使思想政治教育创新发展的条件有哪些?

产生原因：网络技术的渗透，使人们的生活方式、交往方式、思维方式等都发生了改变，从而催生了新的思想政治教育形式。

第一，理论上的条件。马克思主义是由马克思主义哲学、马克思主义政治经济学和科学社会主义组成的，其中马克思主义哲学思想是毛泽东思想的基础，也是邓小平理论、“三个代表”重要思想、科学发展观的基础，是习近平新时代中国特色社会主义思想的基础。第二，实践条件。思想政治教育必须在不断变化的现实生活中不断地进行理论创新，在现实生活中必须用新的思想政治教育理论来指导现实生活，中国特色社会主义现代化建设的实践是思想政治教育改革和发展的重要内容。第三，主体条件。人民群众对美好生活的内在需求，是思想政治教育改革与发展的动因。同时，在思想政治教育进程中需要一支优秀的队伍，这也是创新队伍建设的方法。教育者和受教育者的良性互动，使两者的关系更加均等，从而激发了学生的创造力。

3. 视频互动的新形式具有怎样的特点？应当怎样去推进视频互动新形式的发展？请你谈谈自己的想法。

特点：形式新颖，用户黏性高，沉浸感强，让受众群体通过互动更好地理解创作者的故事和环境，让他们能够完全地沉浸在这段视频中，而这种交流方式也会给人留下深刻的印象。

方法：利用视频互动打造思想政治教育第二课堂，将互动视频作为线下思政课的延伸，以学生乐于接受的方式和方法，把马克思主义的理论、路线、方略传达给学生们，形成线上线下良好互动。运用视频互动加强思政队伍的建设，例如，高校在进行思想政治教育的同时，教师可以利用学生喜欢的方式像网络辩论赛，脱口秀形式，将传统与新兴媒体相融合，与学生进行互动，实现更好的育人效果。

案例 44

心怀梦想，向阳生长*

【案例内容】

1987 年版的电视剧《红楼梦》如何经沙画师之手重新成为“爆款”？服装设计师为何放弃高薪工作投身“国潮”时装研创？在一个个平凡人的追梦故事背后，我们看到了近年掀起的“国潮热”，感受到新时代文化自信的青春表达。

网络作家、独立制片人、演员歌手、自由美术工作者等一大批新文艺群体的身影在今日中国的文化版图上跃动。这些“向阳生长”的蓬勃力量，以创作方式之新、艺术理念之新、受众层面之新带来了新的经济增量和新的文化活力。在新时代的阳光雨露下，他们正释放无尽潜能，成为推动文化强国建设的有生力量。

文化艺术滋养着整个民族的精神与心灵，坚定着一国民众的自豪与自信；以文化艺术记录新时代、书写新时代、讴歌新时代，离不开充满活力的新兴文化力量。

【问题导引】

一、选择题

1. （单选）民族精神的核心是__________。

A. 自强不息

---

* 王美莹．新文艺群体：心怀梦想，向阳生长［N/OL］．光明日报，（2021－12－25）［2022－03－20］．https：//baijiahao. baidu. com/s？ id＝1719202749899585980&wfr＝spider&for＝pc.

B. 爱好和平

C. 爱国主义

D. 勤劳勇敢

2. （单选）＿＿＿＿＿＿是人类在社会发展的历史进程中所产生的物质财富与精神财富的综合。

A. 文化

B. 政治

C. 经济

D. 法律

3. （单选）＿＿＿＿＿＿是青少年社会化的主要方式。

A. 社会实践

B. 大众传媒

C. 学校教育

D. 民主参与

4. （多选）文化自信是国家和民族发展中＿＿＿＿＿＿的动力。

A. 更内涵

B. 更基本

C. 更深沉

D. 更持久

5. （单选）习近平总书记指出：“人民对＿＿＿＿＿＿的向往，就是我们的奋斗目标。”

A. 温饱生活

B. 物质生活

C. 美好生活

D. 精神生活

二、思考题

1. 什么原因促使新时代文化自信中这些青春表达蓬勃发展？请你简要分析。

2. 怎样正确认识和充分发挥新文艺群体这一新兴文化力量？

【案例背景】

新文艺群体主要为签约文艺家、独立制片人、音乐制作人、独立演员、文创艺术设计者、非遗传承人等，是通过举办文艺沙龙、读书会、国学班、传习所、茶艺社、琴画苑等形式聚集起来的文艺群体。他们与传统文艺群体的区别在于：在社会主义市场经济条件下，不依赖财政拨款，不占用行政事业编制，活跃在广袤的社会空间中，以自身的艺术创作和文化服务丰富着人民群众的精神文化生活。

【主旨评析】

党领导百年的文化建设的经验具有启发性，使我们对建设社会主义文化强国的方向有了更明确的认识。没有一颗生机勃勃的心，我们就无法用艺术来记录新时代、书写新时代、歌颂新时代。新文艺群体以创作方式之心、艺术理念之心、受众层面之心，带来了新的经济增量和新的文化活力。在新时代的阳光雨露下，这个群体必将充分释放潜能，成为推动中国文化繁荣兴盛的有生力量，书写展现时代风采、人民风貌的崭新篇章。新的文学创作必须以中国的实际为基础，扎根于中国的土地上，将中国的发展和中国人民的美好生活表现得更好，有效地诠释中国精神、中国价值、中国力量。

【启示解析】

近年来，社会对新文艺群体的重视、扶持与引导成为新时代思想政治建设和社会主义文化强国建设的重要内容。构建社会主义文化强国不能只靠顶层制度的设计，广大文艺工作者是一股不可忽视的蓬勃力量，尤其是新兴文艺团体，正逐步呈现出借势扩张、积极进取的发展趋势，以其丰富多彩甚至是前卫的艺术创作与文化服务大众，在社会上产生了越来越强的影响。

新文艺群体创作具体表现为专业性创作与创新性融合的特点，既具有时效性又兼备现实性。为此，要积极鼓励新文艺群体创作观念转变与推进正能量创作，并依托文艺创作的多元平台，注重受众发声多渠道的特质，多位一体地推动文化传播实现更高质量的发展，从而进一步推动思想政治教育发挥隐性教育功能。

【问题解析】

一、选择题答案及解析

1. C　爱国主义在民族精神中占有核心地位，加强爱国主义教育是思想政治工作的重要组成部分，在进行育人过程中，要深入进行爱国主义教育，弘扬和培养国家精神与爱国情怀。

2. A　特定的文化既是特定的社会、政治、经济的体现，也是对特定社的政治、经济产生重大的影响。

3. A　社会实践活动是大学生与社会交往、认识社会、为社会服务，利用自身所学的知识来实现自身价值的最佳方式。

4. BCD　党的十九大明确指出，文化是民族和国家的灵魂。文化兴国，国家兴旺，文化强盛，民族强大。没有文化自信，没有文化的兴旺，就不可能实现中华民族的伟大复兴。

5. C 人民群众对美好生活的向往就是我们的奋斗目标。中国共产党始终把人民至上牢记于心，以人民为本，这是马克思主义最突出的政治品质。

二、思考题答案及解析

1. 什么原因促使新时代文化自信中这些青春表达蓬勃发展？请你简要分析。

近几年，从中央到地方，从圈内到圈外，从线上到线下，这些新的文化群体对中国的发展起到了空前的推动作用，要充分利用新的文化领域群体，推动中国特色社会主义文化的繁荣与发展。新时期的文化自信是由中华优秀的传统文化孕育而生的，中华优秀的传统文化是新时期文化自信的基石。与此同时，随着社会的迅速发展和网络技术的不断渗透，人们的生活方式、思维方式、对艺术的感知方式也在发生着变化。这些新文艺群体的产生一方面满足人们对美好生活的向往和需求，另一方面人们的需求也推动新文艺群体的不断蓬勃发展。这些青春的表达接地气、有活力、懂市场，创作生活化、服务有温度，成为新时代文化自信繁荣兴盛的有生力量。

2. 怎样正确认识和充分发挥新文艺群体这一新兴文化力量？

在新的时代背景下，新的文化形态、新的组织形态逐渐出现，网络作家、自由撰稿人、独立演员、自由艺术家、美术工作者等新的文化力量也越来越活跃，其影响越来越大。

习近平总书记在文艺工作座谈会上指出，“我们要扩大工作覆盖面，延伸联系手臂，用全新的眼光看待他们，用全新的政策和方法团结、吸引他们，引导他们成为繁荣社会主义文艺的有生力量。[①]”

新文艺群体以青年人为主，虽平均年龄小，但学历高、视野开阔、思维活跃、易于接受新生事物，同时又善于利用新兴技术，具有较强的开拓创新能力，加强思想引领，把握、运用新文艺群体存在和发展的内在规律，找到准确、合适、有效的方法或措施，团结引领他们迸发出最大创造力，有利于推动中国文化事业创新发展。

① 中共中央宣传部．习近平总书记在文艺工作座谈会上的重要讲话学习读本［M］．北京：学习出版社，2015.